国語ゼミ

AI時代を生き抜く集中講義

佐藤 優 Sato Masaru

NHK出版新書
554

国語ゼミ――AI時代を生き抜く集中講義　目次

ガイダンス

なぜ、いま、「国語」なのか。

筆者はこれまで、ビジネスパーソンに向けて教養習得や勉強法をテーマとした本を何冊か上梓《じょうし》してきました。これに対して、読者からさまざまな反応が寄せられましたが、その結果、ある深刻な現実に向き合わなければならないと思うようになったのです。その現実とは、いくら「教養」と言ったところで、あらゆる教養の底をなす国語がなおざりにされているということです。ビジネスパーソンは自らの国語力を虚心に点検し、欠損しているところがあれば、それを速《すみ》やかに身につけなければなりません。

本書はゼミナール形式で、**国語の本質を効率よく学ぶための独習書**です。

いま、「国語はあらゆる教養の底をなす」と言いました。筆者の言う「国語」とは、従来型のそれとはやや異なります。**日本語で書かれた文章の正確な読解をベースとした、論理**

的思考力や表現力、批判力、判断力の養成までを含むものです。

なぜ「国語力」をなおざりにするとマズいのか。以下、①「**教育の変化**」と②「**AI(人工知能)時代**」という二つの背景から説明します。

アクティブ・ラーニングの条件

現下、日本では戦後最大級と言っていい教育改革が実行に移されようとしています。具体的には、二〇一七年に文部科学省が発表した新学習指導要領にもとづいたカリキュラムが、二〇一八年度に幼稚園、二〇二〇年度に小学校、二〇二一年度は中学校、二〇二二年度は高校、という形で、段階的に導入されていくことになるのです。

実をいうと、日本の教育は、大学入試制度が変わるときに大きく変化します。二〇二〇年には大学入試センター試験が廃止され、「大学入学共通テスト」が始まる。この共通テストでは、マークシート式に記述式が加わり、英語では「読む・聞く」に「話す・書く」を加えた四つの技能が問われるのです。

現在の大学入試は、一九七九年に共通一次試験(センター試験の前身)の導入によって作られた形を踏襲《とうしゅう》してきました。その結果、マークシート式の試験が普及しましたが、この方式だと、受験生が正確な知識を持っているかどうかは判断できても、思考の過程は検証できません。

当然、記述能力も低下します。これでは思考力や表現力を児童・生徒が主体的に育《はぐく》むことができないので、グローバリゼーションや情報社会化が急速に進むと、変化が激しい社会状況に対応できなくなる。その意味で、今回の大学入試改革と学習指導要領改定は、「マークシート式」の学習を大きく転換させることが目的だと思います。筆者は、この方向性は基本的に正しいと考えます。

この一連の教育改革のなかで、とりわけ重視されているのが「アクティブ・ラーニング」の推進です。その名のとおり、能動的な学習、つまり自分が主体的に取り組んでいく学習のことです。したがって授業も、教師が一方的に知識を与えるのではなく、生徒が能動的に勉強できるよう支援するスタイルへと変えていくことが求められている。つまり、生徒が自分で課題を考えて計画を立て、周囲の力を借りながらも、「自分で答えを見つける」方式を、授業に導入するということです。

未知の問題に遭遇《そうぐう》したとき、それを自ら解決できる能力を育むことが、これからの教育には重要であるという認識にも筆者は同意します。

しかし、能動的に問題解決ができるようになるためには、決定的な条件がある。それは**学びの「型」を習得すること**です。

アクティブ・ラーニングも、単なる思いつきを発表したり、その場しのぎの意見を言い合ったりするだけの場になってしまっては、学びにとっては逆効果なのです。

アクティブな表現は、パッシブな知識なしにはできません。

あらゆる勉強の基本は「読む力」

勉強は、日本の芸事や武道などでよく用いられる「**守《しゅ》・破《は》・離《り》**」の順番で進めていくことが重要です。第一段階では、師匠について型を「守る」。第二段階では、その型を自分流にひきつけて考えることで、自分に合った型をつくる、つまり既存の型を「破る」。そして、従来の型から完全に自由になり、型から「離れ」て発展していく。アクティブ・ラーニングのような「破」「離」を実践するためには、まずは「守」、すなわち「型」を覚える必要があります。そうでなければ、ただのデタラメになってしまうからです。

では、学びにおいてもっとも基本となる「型」とは何でしょうか。それが本書のテーマである「国語」のいちばんの基礎となる力、すなわち「**読む力**」です。

たとえば、外国語の学習では「読む力」「書く力」「聞く力」「話す力」を総合的に養成することの必要性が説かれている。しかし、ここでぜひとも理解してほしいのは、「書く力」「聞く力」「話す力」が「読む力」を超えることはありえないということです。高等教育レベルの内容になると、これは日本語でも同じことがいえます。読んで理解できないことは書けないし、話せないし、聞いてもわからない。

つまり、**勉強の「型」とは、読む力を身につけることに尽きる**。このように言っても過言ではありません。アクティブ・ラーニングの根本も、実はそこにあるのです。

名門・武蔵の「国語力」

以上のような教育の変化を受け、子どもたちは「読む力」をベースに論理的思考力から判断力までをしっかりと身につけて、やがて社会に出て読者のみなさんと同じ土俵で仕事をするようになるでしょう。他方で現在、社会の一線で活躍するビジネスパーソンは、旧来の「マークシート式」学習にどっぷりと浸《つ》かってきたはずです。それだけに、自らの表現力や論理的思考力、そして何よりすべての基本である「読む力」に欠損はないかどうかを見極めて、早急に対処する必要がある。さもなければ、「アクティブ・ラーニング世代」にとうてい太刀打《たちう》ちはできないでしょう。

根拠のない〝脅《おど》し〟ではありません。実例を一つ、お話しします。

筆者は二〇一八年三月二四日、私立の武蔵高等学校中学校（東京都練馬区）で、中学二年生から高校二年生の一一人に特別授業を行いました。武蔵は超難関進学校ではありますが、難関大学への入試に特化した「受験刑務所」のようなところではありません。その代わり、二〇年先を見据えて、生徒にとってほんとうに役にたつ教育を行っているユニークな学校です。

中高生だからといって侮《あなど》ってはいけません。生徒たちの読解力、そして文章構成力は平均的大学生をはるかに凌駕《りょうが》し、おそらくは本書の読者の大半をも上回っています。

筆者は彼らに小論文の課題をいくつか出し、授業の前に提出してもらいました。一つは、次の課題です。

シャミッソー『影をなくした男』とカレル・チャペック『山椒魚戦争』を読み、それをふまえて、クルド人の民族問題とそこに内包されるナショナリズムの病理はどのような関係にあるかを述べてください。

何の説明もなくこの課題を本書の冒頭に掲げたとしたら、おそらくみなさんは怯《ひる》んでしまい、「自分とは関係がない」と、本を閉じてしまうでしょう。しかし、一四歳から一七歳の生徒たちは果敢《かかん》にこの課題に挑み、見事な論文を提出してきたのです。

授業では、論文の講評からはじめて、民族を近代的現象と見ることの是非についてディベートを行い、さらには、クルド人問題をどう解決したらよいか、それぞれに意見を述べてもらいました。彼らはここでも、抜群の表現力、判断力、批判力を見せてくれました。

生徒たちは、アクティブ・ラーニングの粋《すい》とも言うべき「読む力」をきちんと身につけている。指定された難解な文献をしっかりと読み込み、アナロジカルな思考によって、その内容を現下の国際情勢に応用することができる。つまり、本書でいう「国語」を血肉化したうえで、ビジネスパーソンも顔負けの力を発揮したのです。

武蔵での授業については、本書の実践編に詳しく記します。

AIでは代替できない力

次に、AI時代における「国語力」についてお話ししましょう。

以上述べた「読む力」の重要性をあらためて明らかにしたのが、新井紀子さんの『AI vs. 教科書が読めない子どもたち』という本です。

新井さんは「東ロボくん」の愛称で知られる人工頭脳プロジェクト「ロボットは東大に入れるか」を主導した、AI研究のトップランナー。同書で彼女は、AIが原理的に「意味」を理解できないことを、次のように解説しています。


コンピューターには意味が理解できません。それが、真の意味でのAIが実現できない大きな壁になっています。東ロボくんが東大合格圏内に近づけない理由もそこにあります。

もちろん、手をこまねいているわけではありません。ＡＩの研究者たちは、意味がわからないのは仕方がないとしても、ＡＩがなんとか意味がわかっているかのように振る舞えるようにするために不断の努力を積み重ねてきました。その一つの結果が、Ｓｉｒｉ《シリ》に代表される音声認識応答システムです。

では、Ｓｉｒｉはどのくらい賢いのでしょう。

たとえば、「この近くのおいしいイタリア料理の店は」と、訊いてみてください。Ｓｉｒｉは、ＧＰＳで位置情報を判断して、近くにある「おいしい」イタリア料理の店を推薦してくれるはずです。でも、それは話のポイントではありません。次に「この近くのまずいイタリア料理の店は」と訊ねてみてください。すると、似たような店を推薦します。評判の悪い店から順に表示することはありません。Ｓｉｒｉには「まずい」と「おいしい」の違いがわからないのです。さらに、「この近くのイタリア料理以外のレストランは」と訊いてみてください。また、似たような店を推薦します。つまり「以外の」ということがわからないということです。（『ＡＩ vs. 教科書が読めない

子どもたち』一二〇〜一二一ページ、引用に際しルビを補った）

新井さんは、こうした意味理解の限界から、巷間《こうかん》期待されているような、人間の能力を上回る汎用《はんよう》型のＡＩが完成したり、シンギュラリティが到来したりすることはありえないと断言しています（シンギュラリティについては「応用編」で詳しくお話しします）。

このように、同書の優れている点は「**ＡＩができないこと**」を明らかにしたところにある。しかしそれと同時に、本の後半で新井さんは、自ら開発したリーディングスキルテスト（ＲＳＴ）を使った調査で判明した、中高生の教科書読解力の実態を報告しています。それによると、生徒たちの読解力は驚くほど低かった。

計算能力では人間を凌駕するＡＩを使いこなしていくためには、人間は、意味理解の力、すなわち「読む力」をこそ涵養《かんよう》していかなければなりません。ところが現時点では、教科書を「読む力」さえ欠如している中高生が多い。おそらくその傾向は、現代の平均的なビジネスパーソンにも当てはまるでしょう。武蔵の生徒たちは例外中の例外ということになります。

とすれば、「読む力」の養成は、AI時代においては世代を問わず喫緊《きっきん》の課題と考えなければならない。そして**「読む力」を土台にしてこそ、自ら問題を発見して能動的に思考する力、すなわち本書でいう「国語力」も身についていく**のです。

現在では例外でも、やがては武蔵の生徒たちのように優れた「国語力」を持った子どもたちが少しずつ増えていき、社会に出ていくことになる。さらに、「国語力」こそAIが代替できない力である。以上二つを銘記してください。

「国語力」から人間力へ

本書では以下の順番で、「国語力」養成のゼミナールを行います。

基礎編では、**教科書を使った「読む力」を身につけるための学習法**を解説します。日本の中学と高校で用いられている教科書は、文章が明瞭であり、論旨も明快です。ここでは、教科書の内容を記憶に定着させて再現するという基礎的な訓練から始めて、能動的に教科書を読み解く問題発見的な「読む力」を習得することまでを目標としています。

続く**応用編**では、**難解な本の読解**に挑みます。中心的に取りあげるのは、宇野弘蔵『経済原論』、ド・ラ・メトリ『人間機械論』、アーネスト・ゲルナー『民族とナショナリズム』の三冊。この三冊を選んだのは、論理構造を意識した、質の高い読解力を身につけられることに加え、現代の社会状況を正確に把握するうえでも示唆《しさ》に富むからです。

さらに応用編では、ビジネスパーソンが敬遠しがちな小説作品から現代を読み解く技法を解説します。小説を**「社会の縮図」「人間と人間の関係の縮図」**として読むことで、アナロジカルな読解力を磨く。論理的な読解力とアナロジカルな読解力をあわせ持つことで、複眼的な読解力を身につけることができるのです。

最後の**実践編**は、本書の総仕上げとなります。前述のとおり、筆者が私立武蔵高等学校中学校で、一一人の中高生を相手に行った講義、そして彼らが提出してくれた小論文を素材として、**「読む力」を「論理的思考力」や「判断力」へと発展させる道筋**を具体的に示していきましょう。

「国語力」養成については、ここまで功利的な側面を強調してきました。しかしそれ以外にも、他人の気持ちになって考える力（共感力）が身につくこと、優れた思索を読み解くことで新たな視点が得られ、人生がより豊かになることなど、さまざまな効果が期待できる。**人間力全般の底上げにもつながる**のです。実践編では最後に、「国語力」をベースに広がる豊かな可能性を示唆したうえで、**ＡＩ時代に要請される「総合知」とはどのようなものか**を展望してみます。

「ゼミナール形式」と銘打ったとおり、本書では一方的な講義形式ではなく、読者との双方向性を担保したい。そのため、各章の要所に記述式の練習問題を設けました。解答例は二〇一八年六月二五日からＮＨＫ出版のホームページに掲載します。詳しくは二四ページを参照してください。

問題だけを見ると読者は怖気《おじけ》づいてしまうかもしれませんが、本文を熟読してコツをつかめば、容易に解けるものばかりです。解答例を見る前に、ヒントを参考にして、ぜひ読者自ら能動的に解答を作成してみてください。

『国語ゼミ』練習問題①〜⑥の解答例のご案内

（解答例は二〇一八年六月二五日より掲載します）

次のＵＲＬからアクセスするか、
下のＱＲコードを読み取ってください。

http://nhktext.jp/ns554

基礎編

教科書で「読む力」を養う

「国語ゼミ」の基礎編を始めます。

ガイダンスで述べたことを思い出してください。「国語力」の底をなすのは「読む力」。すなわちテキストを正確に読み解く力でした。そこで、基礎編では歴史や倫理の教科書を素材として、この力の養成を目指します。すでに述べたとおり、中学・高校の教科書は文章が明瞭で論旨も明快、まさに打ってつけの素材といえるでしょう。そのうえで、教科書に書かれている知識を発展的に運用することを次の課題とします。

以上のために基礎編では、**教科書を活用した三段階の学習方法**を提案します。そのあらましを記します。

・ステップ1「要約と敷衍《ふえん》」：教科書を正確に読み解くために「音読」する。そのうえで、教科書の指定箇所を自らの言葉で要約し、敷衍する訓練を行う。
・ステップ2「比較」：教科書の複数の記述を比較して、物事を複眼的に捉える訓練を行う。
・ステップ3「能動的読解」：自ら立てたテーマや問題意識に即して、複数の教科書を能動的に読む訓練を行う。

1　要約と敷衍――教科書を正確に読む

読解力の基本は「音読」から

筆者は、大学での講義や社会人を対象とした講座では、課題図書の「読み合わせ」を行います。受講生たちに、順番に音読をしてもらうわけです。その目的は「読み飛ばし」を防ぐことにある。黙読や斜め読みでは、わからない言葉があるとつい読み飛ばしをしてしまいます。その結果、文章構造を捉えそこねたり、大事な概念やキーワードを理解できずに読み進めたりするケースが少なくありません。

実際、大学の講義でテキストを読ませても、そこで用いられている漢字を全部読める学生はほとんどいません。大学を卒業して、一流企業に勤めているビジネスパーソンでも、一ページのなかにいくつも読めない漢字があり、つっかえながらの音読しかできない人が散見されます。

手始めに、明治新政府の発足を説明した『日本史A』の次のくだりを音読してみてください。

戊辰戦争の最中、新政府は新しい政治の建設を進めた。まず1868（明治元）年1月には、王政復古と天皇の外交主権の掌握を諸外国に告げるとともに、幕府と諸外国とが結んだ条約を継承する方針を示し、3月には五箇条の誓文を公布して、公議世論の尊重や開国和親などの新政府の方針の大綱を示し、天皇親政を強調した。

ついで1868（明治元）年閏4月には政体書を制定して政府の組織をととのえた。その内容は、国家権力を太政官と呼ぶ中央政府に集め、アメリカ合衆国憲法を模倣した形式上の三権分立制の形をとり、高級官吏を4年ごとに互選で交代させるとしたが、官吏の互選は1回で終わった。立法機関に当たる議政官は、議定・参与からなる上局と、各府県・各藩選出の貢士からなる下局とにわかれた。下局は各藩を基盤とする公議政治を意識したもので、翌年公議所となり、さらに集議院へと再編成された。しかし、実際には立法と行政との区別は明瞭でなく、これらの機関の権限は弱かった。

（『日本史A』三三〜三四ページ）

実際の教科書本文では、「掌握」「大綱」「太政官」など多くの語にルビが振られていますが、ここではあえて外して引用しました。高等教育を修了したビジネスパーソンであれば、ルビがなくても読める漢字しか使われていないからです。しかし、この程度の文章でも、まちがえずに音読できる人はおそらく少数でしょう。この引用文を読んで、**読めない漢字があれば、国語辞典や漢和辞典などにあたって読みと意味を調べてみてください。**

腰を据えて音読学習に取り組みたい人は、教科書一冊の本文をすべて音読してみることを推奨します。たとえばここに引用した『日本史A』は、本文は約二二〇ページです。一ページ分は、だいたい二・五〜三分で読めるので、一冊分にすると五五〇〜六六〇分。およそ一〇時間程度で、音読できるのです。

筆者も若い頃、新開陽一ほかの『近代経済学』を読み、なかなか理解できなかったので、音読してカセットに吹き込んだことがあります。二時間テープで五巻ぐらいだったと記憶しています。さらに、それを聴き直しながらもう一度本を読んでいった。これは非常に効果があり、黙読だけの読解と比べて格段に理解が深まりました。

「要約」「敷衍」の定義

音読学習によって内容の読解ができたら、要約と敷衍のトレーニングに入りましょう。

要約とは文字どおり、**文章のなかの重要な箇所を抽出《ちゅうしゅつ》してまとめること**です。後者の「敷衍」は聞きなれない言葉かもしれません。これは、**抽象的な概念や文章を自分の言葉で嚙《か》みくだいてわかりやすく説明すること**と理解してください。

私たちがものごとを説明する場合、重要なポイントを見極め（＝要約）、そのポイントをわかりやすく説明しようとします（＝敷衍）。つまり、適切に説明するには、要約と敷衍を同時に行う必要があるのです。

具体的な例題で説明していきましょう。

筆者は大学などの講義では、受講者に自学自習してもらうために、テキストに準拠した独自のワークブックをつくることがあります。たとえば、高校の倫理教科書を社会人向けに書き直した『もういちど読む山川倫理』は、哲学史の解説だけではなく、思想の入門書としても記述が優れているため、筆者はこれをもとにワークブックを作成しました。それは次のような記述問題から構成されています（＊は『もういちど読む山川倫理』の参照ページを指します）。

問1 古代ギリシアにおけるロゴスについて説明しなさい。（一〇〇字）　＊一九～二〇ページ

問2 古代ギリシアの自然哲学について、代表的哲学者の名を四人あげて簡潔に説明しなさい。（二〇〇字）　＊二〇～二一ページ

問3 ソフィストとソクラテスの哲学の違いについて説明しなさい。（二〇〇字）　＊二一～二七ページ

問4 プラトンの「イデア」について説明しなさい。（五〇字）　＊二八～二九ページ

こうした記述問題を合計で二五〇問程度つくり、それを自学自習で解いてもらって添削する。すべて解き終えれば、西洋思想や日本思想に関する基本的知識は、ほぼ定着することになります。

要約とは「抜き出し」ではない

ここでは、問4を例にとりましょう。『もういちど読む山川倫理』では、プラトンの「イデア」について、次のように解説しています。まずは、音読することから始めてください。

プラトンは哲学とは永遠の、普遍的な真理を求めるものであると考えた。人間が感覚によってとらえるものごとは、つねに変化し、やがて消滅する不完全なものであるとする。

たとえば、私たちが紙や黒板に描く三角形は、不完全でゆがんでおり、やがて消されてしまう。しかし、そのような三角形を描くとき、私たちの理性は、完全で理想的な三角形を思い描いている。「精神の目」によって完全な三角形の理想をとらえているからこそ、「感覚の目」で個々の具体的な三角形を見分け、それを描けるのである。

プラトンは理性によって思い描く、ものごとの完全な姿を実在するものと考え、それをイデア（idea）と呼んだ。イデアはさまざまなものごとの原型・模範となるものであり、私たちが追い求めるべきものごとの理想的な姿である。
プラトンによれば、世界は感覚がとらえる、たえず変化し、やがて消滅していく不完全な現象界と、それらの現象の原型となる完全で永遠のイデア界という二つの世界から成り立っている（二元論的世界観）。しかし、肉体をもつ人間は、ふだんは現象界に閉じ込められ、感覚がとらえる不完全な現象のみが現実だと思っている。
プラトンはそのような人間を、洞窟に閉じ込められた人にたとえている（洞窟の喩《たと》え）。外には太陽の光が輝き、洞窟の入口には松明《たいまつ》が燃え、その前をさまざまなものが横切る。洞窟の中の人びとは入口に背を向けて洞窟の壁をみつめており、松明の光によって洞窟の壁に映し出されるものごとの影絵をみて、それを現実だと思い込んでいる。プラトンは、その影にとらわれず、振り返って洞窟の外に光り輝く真に実在するイデアの世界をみよと呼びかける。（『もういちど読む山川倫理』一一八〜一一九ページ）
この箇所にもとづいて、「イデア」を五〇字で説明するとどうなるでしょうか。悪い解答例をまず挙げます。

【悪い解答例】

さまざまなものごとの原型・模範となるものであり、私たちが追い求めるべきものごとの理想的な姿のこと。(四九字)

これでは〈イデアはさまざまなものごとの原型・模範となるものであり、私たちが追い求めるべきものごとの理想的な姿である〉をそのまま抜き出したものにすぎません。本文に述べられているイデアの永遠性や、現象界との対比というポイントが抜け落ちています。

ポイントとなる文章を見つける

適切な要約をつくるためには、**ポイントとなる文章を抜粋《ばっすい》し、それを再構成する**必要がある。引用を読み直してみましょう。すると、第二段落と第五段落は具体例やたとえによる説明で、イデアのポイントは、第三、四段落に書かれていることがわかります。それを次にまとめてみます。

・イデア＝〈理性によって思い描く、ものごとの完全な姿〉
＝〈さまざまなものごとの原型・模範となるものであり、私たちが追い求めるべきものごとの理想的な姿〉
＝〈現象の原型となる完全で永遠の〉姿
⇔
・現象＝〈感覚がとらえる、たえず変化し、やがて消滅していく不完全な〉もの

構造が見えてきました。これらのポイントを五〇字程度でまとめると、次のようになります。

【解答例】
理性がとらえるものごとの完全で永遠な姿であり、感覚がとらえる不完全な現象の原型・模範となるもの。（四八字）

この問題では、「イデア」という重要概念をわかりやすく説明するという意味では「敷衍」を行っているし、該当箇所のポイントを圧縮してまとめるという意味では「要約」を行っていることになるのです。

では、ここで練習問題を解いてもらいましょう。これも同じく『もういちど読む山川倫理』の文章からの出題です。

【練習問題①】

次の文章を読み、ライプニッツの「モナド」について一〇〇字以内で説明しなさい。

ドイツのライプニッツ〈1646~1716〉も合理論の立場に立ち、世界はモナドと呼ばれる分割不可能な、単純な精神的要素から成り立っているというモナド論を説いた。モナドは物体ではなく、ものごとを表象する精神の力となってあらわれる。

モナドは、たがいに他のモナドを表象し合うことによって、全宇宙を表象する。無数のモナドは、それぞれが全宇宙を映し出す鏡のようなものである。

モナドは外部と交渉をもたない「窓のない」独立した実体だが、ライプニッツは個々のモナドが映し出す宇宙の姿が一致して、宇宙の調和的秩序が存在するように、神によってあらかじめ定められていると説いた（予定調和）。（同前、一〇四ページ）

【解答のヒント】

モナドの特徴をまとめておきましょう。

モナド＝世界を成り立たせている〈分割不可能な、単純な精神的要素〉
＝〈物体ではなく、ものごとを表象する精神の力となってあらわれる〉
＝〈たがいに他のモナドを表象し合うことによって、全宇宙を表象する〉
＝〈外部と交渉をもたない「窓のない」独立した実体〉

筆者は、これまでも多くの著書で、ライプニッツのモナド論について説明してきました。ここでは「敷衍」のサンプルとして、筆者によるモナドの解説を引用しておきます。モナドは理解の難しい概念なので、内容理解の参考としてください。

ライプニッツの言うモナドとは、あらゆる事物を構成する究極的な実体のことです。ギリシャ哲学の原子論を構成する「アトム（原子）」のように感じられるかもしれませんが、ライプニッツの唱えたモナドロジーの世界観は、「均質な原子から世界は構成される」とするアトム的世界観とは大きく異なります。モナドは物質的な広がりを持たない。言うなれば「精神存在の基本単位」のようなものです。

このモナドという言葉は、ギリシャ語で「一」を意味するモナスに由来しています。一つひとつのモナドのあり方はすべて異なりますが、全体としては調和がとれている。たとえるならば、それぞれ異なる楽器の演奏者同士が、他の楽器の音を聞きながら演奏することでメロディーが合わさり、全体としてバランスのとれたよい音楽を奏でるオーケストラになるようなものと言えるでしょう。つまり、それぞれのモナドは、

他のモナドを観察しながら自らを表現しているわけです。（『ファシズムの正体』七二〜七三ページ）

解答例については二四ページを参照してください。

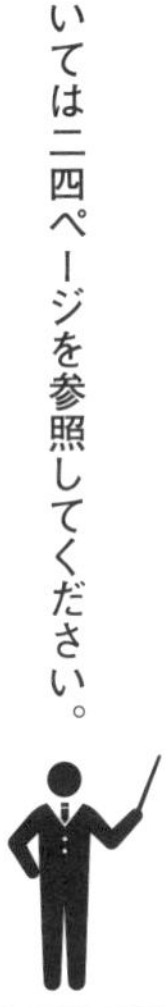

2 比較――複数の記述を組み合わせて説明する

多面的に考察する能力

では、教科書を活用した第二段階の読解学習に入ります。

第一段階では、教科書の流れに沿って音読することで知識を定着させること、さらに要約と敷衍という記述式のトレーニングによって、定着した知識を自らの言葉で正確に説明することを目標としました。

続く第二段階では、**教科書に書かれている複数の記述を組み合わせて説明する方法**を解説していきます。この作業は、実際に知識を使って思考するための基盤づくりに相当するものです。

知識を能動的に運用するためには、複数のものごとを比較して、因果関係や影響関係、並行性、変化のプロセスなどを捉えて関連づけ、それを適切にまとめあげる力が必要になります。

新学習指導要領でも、こうした多角的な考察力・思考力を養成するための改革案が、さまざまな科目で示されています。たとえば、二〇二二年度から、高校の「地理歴史」のなかに、「歴史総合」という科目が新たに必修科目として導入される。この科目は、従来の日本史と世界史の垣根を取り払い、日本と世界の近現代史を総合的に学ぶものですが、新学習指導要領は、「歴史総合」を学ぶ目的の一つを、次のように説明しています。

近現代の歴史の変化に関わる事象の意味や意義、特色などを、時期や年代、推移、比較、相互の関連や現在とのつながりなどに着目して、概念などを活用して多面的・

多角的に考察したり、歴史に見られる課題を把握し解決を視野に入れて構想したりする力や、考察、構想したことを効果的に説明したり、それらを基に議論したりする力を養う。

いわゆるお役所文章です。しかし、ここで述べられているような、さまざまな事象の〈意味や意義、特色などを、時期や年代、推移、比較、相互の関連や現在とのつながりなどに着目して、概念などを活用して多面的・多角的に考察〉する能力は、歴史に限られたものではなく、能動的な学習すべてにおいて必要とされるものです。本書でいう「国語力」も、当然、こうした能力を念頭に置いています。

「比較」とは何か

以下では「比較」という観点から、複数の記述をまとめあげる方法について解説します。

【例題】

次の二つの文章を読み、「孟子《もうし》の性善説」と「荀子《じゅんし》の性悪説」を比較したうえで、両者の特徴を一〇〇字以内で説明しなさい。

人間の善い心の可能性を伸ばすためには、どのようにすればよいのだろう。孔子の教えを受け継いだ孟子《もうし》〈前372頃〜前289頃〉は、人は誰でも生まれつき、善へと向かう心をもっていると考えた（性善説）。

たとえば、幼児が井戸に落ちそうになっているのを見れば、誰でも思わず助けようと走り出すだろう。それは親にとりいるためでも、近所の評判を気にするからでもなく、心のうちから自然にほとばしり出る行為である。孟子はその心を、他者の不幸や悲しみを見過ごすことのできない、忍びざるの心であると考えた。

このように、人間には生まれつき善い心の芽生えがそなわっており、孟子はこれを四端《したん》と呼んだ。それは他人の不幸を見過ごすことのできない惻隠《そくいん》の心（忍びざるの心）、自分の悪い行いを恥じる羞悪《しゅうお》の心、たがいに譲りあう辞譲《じじょう》の心、善悪を見分ける是非《ぜひ》の心の四つである。

端という字のつくりは、大地に根を張った根生植物が芽を出している姿をあらわしたものとされ、ものごとの始まり、芽生えを意味する。四端の心を育てることによって、仁（思いやり）・義（正義）・礼（礼儀）・智（道徳的な判断力）の四徳《しとく》を実現し、道徳的な善い人格を完成させることができる。（『もういちど読む山川倫理』四五～四六ページ）

悪へと傾く人間の心の本性を矯正《きょうせい》するためには、どのようにすればよいのだろうか。荀子《じゅんし》〈前298頃～前235頃〉は、人は生まれつきみずからの欲を満たすために、利益をめぐって他人と争う悪い性質をもっていると考えた（性悪説）。人の欲には限りがないが、それを満たすものには限りがある。そこで、人はおのれの欲を満たすために、限られた富や地位を奪いあい、たがいに争って憎しみあわざるをえない。荀子は「人の本性は悪であり、その善なる部分は偽である（人の性は悪にして、その善なるものは偽なり）」と語っている。

ここでいう偽とは人為、つまり人間の行為によってつくられたもの、人為的な学習や教育という意味である。曲がった枝に添え木をあててまっすぐにするように、人間も自己中心的な悪い本性を、礼儀や習慣などの人為的な努力によって矯正しなければならない。（同前、四八ページ）

「性善説」と「性悪説」の二つは字義どおり対照的です。そのため一見、容易な問題に思えるかもしれません。しかし、「比較」という言葉の意味を正確に理解していないと、次のような解答をつくりがちです。どこが悪いのか、考えてみてください。

【悪い解答例】
孟子の性善説は、人間は生まれつき善へと向かう心を持っており、その心を育てることを必要だと考えるのに対して、荀子の性悪説は、人間の本性は悪に傾きやすいため、人為的な努力による矯正が必要だと考える。（九七字）

まずい点は、両者の共通点と相違点、とりわけ共通点が明確に書かれていないことです。**比較とは、複数の事象をつき合わせて、その異同を考察すること**です。したがって、相違点だけではなく、**共通点を指摘すること**も比較には含まれます（比較対象の結果、共通点だけしかない場合や、相違点だけしかない場合もありますが）。

相違点と共通点を明確にする

この観点から、性善説と性悪説を比較すると、相違点は明らかです。念のため、まとめておきましょう。

・性善説＝〈人は誰でも生まれつき、善へと向かう心をもっている〉
⇔
・性悪説＝〈人は生まれつきみずからの欲を満たすために、利益をめぐって他人と争う悪い性質をもっている〉

しかしその一方で、性善説とはいえ、人は生まれつき善に向かう心を持っているからといって、何もせずに放置してよいとは考えていません。生まれつき持っているのは、「四端」という善の芽生《めば》えであり、道徳的な向上のためには〈四端の心を育てること〉が必要だと考えています。

そして荀子もまた、生まれながらに悪へと向かいやすい心を矯正するためには、〈人為的な学習や教育〉をしないといけないと考えている。

ということは、性善説も性悪説も、道徳的な向上のためには何らかの努力や育成は必要だと捉える点では共通しているわけです。

先の解答例では、この点があいまいな書き方になっているところに詰めの甘さが残っていました。以上をふまえて、相違点と共通点を明確にした解答例を示しておきましょう。

【解答例】

孟子の性善説は、人間は生まれつき善へと向かう心を持っていると考えるのに対して、荀子の性悪説は、人間の本性は悪に傾きやすいと考えるという違いがあるが、道

徳的向上のために努力を必要とする点は共通している。（一〇〇字）

なお、この問題は、素材となる文章そのものが明快で比較しやすいため、トンチンカンな解答にはならないと思いますが、素材の文章が不明瞭だったり、素材が十分ではない状態で「AとBを比較する」という課題に取り組む場合、比較する観点や項目がズレてしまうことがあります。

簡単な例を挙げると、「太郎君は太っているけれど、花子さんは背が高い」は、観点が異なっているため比較としては成立していません。

ビジネスパーソンのみなさんは、さまざまな調査をして物事を比較する作業をすることが多いでしょう。その際は**「観点・項目を揃《そろ》える」こと**に注意してまとめることが重要です。

【練習問題②】

次の文章を読んで、一八四〇年〜一八六〇年にかけて、日本と清が欧米諸国と結んだ条約を比較したうえで、それぞれの特徴を二〇〇字以内で説明しなさい。

［一八五八年に結ばれた］日米修好通商条約には、（1）神奈川・長崎・新潟・兵庫を開港し、江戸・大坂を開市《かいし》とする、（2）通商は自由貿易とする、（3）開港場に居《きょ》留地《りゅうち》を設け、一般外国人の国内旅行を禁じること、などが定めてあった。しかしそのほか、（4）日本に滞在する自国民の領事裁判権を認め、実質的には日本の法律のおよばない治外法権《ちがいほうけん》の特権を外国人に与え、（5）関税《かんぜい》についても、日本側に関税自《じ》主権《しゅけん》を認めず相互で協定《きょうてい》して決める（協定関税制）、という不平等条約であった。そのため、条約改正という課題が残されることになった。幕府はついで、オランダ・ロシア・イギリス・フランスとも同様の条約を結んだ（安政の五カ国《ごかこく》条約）。（『日本史A』二二一～二二三ページを一部改変）

［アヘン戦争に破れた清は］１８４２年、南京《ナンキン》条約を結んで、香港島《ホンコンとう》の割譲《かつじょう》、上海《シャンハイ》など５港の開港、公行《こうこう》の廃止、賠償金《ばいしょうきん》の支払いなどを認めた。さらに翌１８４３年、清

は治外法権《ちがいほうけん》などを認める不平等な内容の追加条約を結び、44年にはアメリカ・フランスとも同様の条約を結んだ。
イギリスは、南京条約後も中国貿易の利益が思ったほどあがらなかったため、1856年、アロー号事件がおこると、これを口実《こうじつ》に、フランスをさそってアロー戦争をおこした。イギリス・フランス軍は戦いを優勢に進め、58年に清とのあいだに天津《てんしん》条約を結んだが、清が条約の批准《ひじゅん》を拒《こば》んだため、60年北京《ペキン》を占領《せんりょう》して北京条約を結んだ。この条約で清は外国公使《こうし》の北京駐在《ちゅうざい》、天津など11港の開港、キリスト布教《ふきょう》の自由などを認めた。（『要説世界史』一一四ページ）

【解答のヒント】

出典を見るとわかるように、日米修好通商条約については日本史の教科書から、南京条約や北京条約については世界史の教科書から引用しています。というのも、日本史の教科書では、中国の結んだ条約の記述が希薄であり、世界史の教科書には日米修好通商条約の内容までは書かれていないからです。従来の「日本史」「世界史」という枠組みの欠点は、こうした比較が困難なところに表れています。
さて、両者を比較するには、二つの引用文だけでは素材が足りません。清では認められたキリスト教の自由な布教に関する規定も、日米修好通商条約には記されています。そのほかにも、アヘン貿易の公認や外国人の自由な旅行など重要な項目が引用からは抜けています。以上は簡単に調べられる事柄なので、調べたうえで解答に取り組んでみてください。

解答例については二四ページを参照してください。

3　能動的な読解――自ら「問い」を立ててみる

ここまでは、与えられた課題文を正確に読み、その内容を「要約」「敷衍」「比較」という方法に即して適切に文章化するトレーニングをしてきました。

基礎編の締めくくりとなる第三段階では、**あるテーマや問題意識に即して、教科書を能動的に読む方法**について解説してみたいと思います。

簡単な例を挙げましょう。日本史や世界史の教科書では、ある範囲の時代について、政治や経済、文化をすべてまとめて解説するスタイルをとっています。これを「経済史」というテーマで再構成するためには、個々の時代の解説から、経済に関する記述を能動的に抽出する作業が必要です。

あるいは、アメリカ独立革命とフランス革命を比較する場合、教科書には革命を比較して説明する記述はないので、世界史の教科書から該当する箇所をいくつか拾い出して考察しなければなりません。

このように第三段階では、**自らの問題意識にもとづいて教科書を読み解いていくアプローチ**を身につけることが目標となります。

「問い」をいかに見つけるか

「自らの問題意識にもとづいて」と書きました。読者はおそらく「どのように問題意識を育むのか？」と疑問に思うことでしょう。あまり大仰《おおぎょう》に考える必要はありません。日常的に新聞の報道やテレビのニュースにふれると、さまざまな疑問を覚えることはありませんか。たとえば中東情勢についてのニュースが出る。そもそも、中東はなぜ混迷する状況になったのか？　報道では通常、歴史的背景までは説明されません。そこで、世界史の教科書の目次と索引を活用して、関連する箇所を拾い読みしていく。そのうえで、イスラムとはどのような宗教なのか、キリスト教など他の一神教とはどう異なるのかも、関連する本にあたって調べていく。

身近なところにも、さまざまなテーマが見つかります。二〇一八年は明治維新一五〇年にあたる年。書店に行けば関連本が目につくし、ＮＨＫ大河ドラマの主人公も維新の元《げん》勲《くん》・西郷隆盛です。維新の立役者たちの列伝はたしかに興味深いものですが、それらに一通り目を通したところで、次のような疑問が浮かぶかもしれません。

一九世紀の後半には、日本のみならず、東アジアから欧米まで全世界が変革の時を迎えた。そのような世界の激動を背景にすると、明治維新はどのように見えてくるだろうか？

この疑問を解くためには、日本という枠内に留まらず、同時期の世界にも広く目を配る必要がある。つまり日本史と世界史を関連づけて、総合的に考察することがポイントになります。

そこで以下、複数の教科書の関連箇所を読み込んで、読者といっしょに次の課題を解きほぐしていきます。複雑なテーマなので、解答字数も増やしました。

【課題】
一九世紀の欧米諸国の動向をふまえて、明治維新の世界史的な背景を四〇〇字以内で説明しなさい。

日本史と世界史の接点をさぐる

まずは日本史の教科書から、世界史との接点となるような箇所を抜き出してみましょう。『日本史A』には、「日本をとりまく世界の変容」という節のなかに、次の一節があります。

ヨーロッパ諸国のうち、イギリスでは台頭《たいとう》する市民階級を先頭とする市民革命《かくめい》が17世紀に成功して議会制民主主義の体制が確立した。18世紀後半にはアメリカで独立戦争がおこり、アメリカ合衆国《がっしゅうこく》の独立を宣言した。この影響を受けたフランスでも、市民階級の主導する革命によって絶対王政《ぜったいおうせい》が打倒された（フランス革命）。ヨーロッパ諸国はフランス革命とそれに続くナポレオン戦争を通じて、急速に近代市民社会の建設に向かっていった。

イギリスでは18世紀後半から産業革命がおこり、その後ヨーロッパやアメリカに波《は》及《きゅう》し、資本主義世界が形成されていった。これに応じて、欧米諸国は市場《しじょう》と原料の供給地を求めて植民地《しょくみんち》獲得に乗り出し、とくにアジア地域で激しい植民地戦争をおこすようになった。（『日本史A』一五ページ）

江戸期の日本は、鎖国をしていた時代でも、長崎、松前《まつまえ》、対馬《つしま》、琉球《りゅうきゅう》という四つの対外的窓口を持っていました。これらの窓口を通じて、日本は実質的に東アジアの周辺世界や、当時の世界最強国であったオランダとのネットワークを築いていたのです。

引用部分で解説されているのは、そのようなシステムが崩れていく世界史的背景です。

英仏両国の動向を読み取る

次いで、一八世紀末にロシア船が日本近海に現れたことを皮切りに、欧米諸国が次々と日本に接近してくるようになりました。「対外政策の動揺」という項目で、その状況は次のように説明されています。

> 北のロシアに続き、南から現われたのはイギリスである。イギリスは19世紀初めのナポレオン戦争でオランダがフランスに征服されると、アジア各地のオランダ植民《しょくみん》地《ち》を奪おうとし、１８０８（文化５）年、イギリス軍艦フェートン号がオランダ商館のある長崎に侵入した。その後、イギリスやアメリカの捕鯨船《ほげいせん》が日本近海に出没《しゅつぼつ》するようになったが、幕府は１８２５（文政《ぶんせい》８）年、異国船打払令《いこくせんうちはらいれい》（無二念《むにねん》打払令）を出し、清《シン》・朝鮮・琉球《りゅうきゅう》船と長崎のオランダ船を除く外国船をすべて撃退することを命じた。従来の四つの窓口で結ばれた対外秩序の外側の、武力をともなう列強

（英・露・米）を外敵と想定したのである。このため1837（天保《てんぽう》8）年、漂流日本人の送還と貿易開始の交渉のために来航したアメリカの商船モリソン号が撃退される事件がおこった（モリソン号事件）。

この事件について、渡辺崋山《わたなべかざん》は『慎機論《しんきろん》』を、高野長英《たかのちょうえい》は『戊戌夢物語《ぼじゅつゆめものがたり》』を書いて幕府の鎖国政策を批判し、開国論をとなえたので、1839（天保10）年、幕府は崋山・長英らの蘭学者《らんがくしゃ》たちを捕らえ、厳しい処罰を加えた。これを蛮社《ばんしゃ》の獄《ごく》という。こうして日本は、国内外の変化の中で、東アジアの激動とペリー来航との世界の動きに向きあうことになっていくのである。（同前、一六〜一七ページ）

これに続いて、清がアヘン戦争に敗北し、イギリスとの間に不平等条約を結んだことが解説されています。この条約の内容は、先の練習問題②に含まれるので、そちらを参考にしてください。

一方日本では、一八五三年にペリーが来航すると、鎖国を続けることが難しくなりました。次の記述は非常に重要です。

アヘン戦争の直後から、欧米諸国は日本に開国を求める動きを強めてきた。琉球《りゅうきゅう》には1816（文化《ぶんか》13）年にイギリス艦隊が来航したのをはじめ、フランス・オランダ・アメリカ・ロシアなどの船があいついで来航し、1846（弘化3）年にはフランス艦隊が長崎に、またアメリカ東インド艦隊司令長官ビッドルが浦賀《うらが》に来航した。幕府はひそかに琉球でのフランスとの通商を黙認する方針を固めたが、本土に来航した艦隊には譲歩の姿勢を示さなかった。

ヨーロッパ列強の進出は、アジア諸国の社会や政治の仕組みをゆるがし始め、清では、洪秀全《こうしゅうぜん》に率いられた農民が反乱をおこし、1851年に太平天国《たいへいてんごく》を樹立した。また、イギリスが支配していたインドでは、1857年、インド人の傭兵《ようへい》（シパーヒー）が反乱をおこした。これらの反乱の対応に追われていたイギリスは、日本に開国を求める積極的な動きをおこさなかった。フランスも、1848年に本国で二月革命がおこり、しばらく混乱が続いたため、アジア進出の動きがにぶくなった。

アメリカは、メキシコとの戦争に勝ち、カリフォルニアを手に入れると、清《シン》との貿易のため太平洋を航海する船舶《せんぱく》や、捕鯨船《ほげいせん》の寄港地《きこうち》として日本に開国を強く求めるようになった。1853（嘉永《かえい》6）年、アメリカ東インド艦隊司令長官ペリーは軍艦（「黒船《くろふね》」）4隻《せき》を率いて浦賀《うらが》に現われ、国書《こくしょ》を提出して日本の開国を求めた。幕府はペリーの強い態度におされて国書を正式に受けとり、回答を翌年に約していったん日本を去らせた。ペリーに続いてロシアの使節プチャーチンも長崎にきて、開国と国境画定を要求した。（同前、一九〜二〇ページ）

ここでは、清で起きた太平天国の乱、インドで起きた傭兵の反乱、フランスの二月革命、アメリカの動向など、さまざまな世界史的な出来事が凝縮して解説されています。しかし「日本史」という教科の特性上、それぞれの出来事の詳細な内容にまでは踏み込んでいません。

ここに、世界史の教科書を併読する必要が出てきます。とりわけ一八四八年に起きた二月革命は、ヨーロッパ各国に自由主義、社会主義、ナショナリズムなどの運動を喚起したという意味で、多大な影響を及ぼしました。

ただし、今回の課題を考えるうえでは、個々の事象以上に、英仏両国が上記の事情により、一八五〇年代に入ると〈アジア進出の動きがにぶくなった〉ということが決定的に重要です。その結果、アメリカとロシアが両国に先んじて、日本に開国を要求するようになったわけです。

アメリカとロシアの状況から何が見えてくるか

以降、日本史の教科書では、日本が欧米列強と不平等条約を結んだことから、開国による政治経済的な影響までを説明したのち、視点を国内に移して、江戸幕府滅亡と明治維新に至るまでのプロセスを解説する構成となっています。

一方で、同時代の世界史的な動向はどうだったか。とりわけアメリカとロシアは幕末維新期にどのような状況に置かれていたのでしょうか。世界史の教科書をひもとき確認してみましょう。

日米修好通商条約の締結は一八五八年ですが、その三年後に、アメリカでは南北戦争が勃発しました。

アメリカの南部では黒人奴隷《どれい》を使用する綿花《めんか》・タバコの大プランテーションが成立し、奴隷制の維持《いじ》と自由貿易の立場がとられていた。これに対し、商工業の発達した北部は、自由な労働力確保のため奴隷制の廃止と、工業の保護・育成のため保護貿易を主張した。西部に新しい州ができるたびに、その州で奴隷制を認めるか否《いな》かをめぐって、南部と北部は激しく対立した。1854年、北部を地盤《じばん》として奴隷制拡大に反対する共和党が結成され、南部を地盤とする民主党と対立した。1860年、共和党のリンカンが大統領に当選すると、南部諸州はアメリカ合衆国から離脱《りだつ》しアメリカ連合国を結成した。リンカンはアメリカ合衆国の分裂《ぶんれつ》を阻止《そし》するために、1861年南北戦争にふみきった。1863年、リンカンは南部の戦力を弱め、イギリスなどの干渉《かんしょう》を防ぐために、奴隷解放宣言を発して内外の世論《よろん》を味方《みかた》につけ、勝利をおさめた。

（『要説世界史』一〇二〜一〇三ページ）

南北戦争が正式に終結するのは一八六五年ですから、幕末の混乱期に、アメリカは国内統一に忙しく、積極的な対外政策を取ることができなかったことになります。

他方でロシアもまた、同時期にクリミア戦争に敗北したため、国内改革に着手せざるをえない状況にありました。

> １８５３年には、ロシアが正教徒の保護を理由にオスマン帝国に侵入したことからクリミア戦争がはじまった。エジプトなどに利害《りがい》をもつイギリスがフランスなどと連合してロシアとたたかったので、この戦いはヨーロッパの有力国どうしの戦争となり、ロシアが敗れて戦争はおわった。
> ロシアでは、19世紀にはいっても皇帝の専制《せんせい》政治が続き、強固《きょうこ》な農奴制《のうどせい》が残って産業の発展をさまたげていた。クリミア戦争に敗れた後、皇帝アレクサンドル２世は国内の改革に着手し、１８６１年に農奴解放令を出して農奴の人格的自由を認め、土地所有の道をひらいたが、改革は不徹底《ふてってい》であった。（同前、九五ページ）

以上から、何が読み取れるか。先の日本史教科書の記述もあわせて考えると、**幕末維新**

期は、欧米列強が一時的に対外政策の手綱《たづな》をゆるめた時期にあたることが理解できるのです。

南北戦争が及ぼしたもう一つの影響

実際、世界史の教科書では、維新直後の一八七〇年を画期に、欧米が帝国主義の時代へと突入することが説明されています。

　1870年代ころから列強とよばれる欧米の先進資本主義諸国は、投資先、原材料などの資源、安価な労働力を求めてアジア・アフリカ・ラテンアメリカ・太平洋諸島に進出した。こうした動きを帝国主義といい、列強は、世界を植民地・保護国（領）・勢力圏などに分割《ぶんかつ》した。また、世界分割での競争は、列強の激しい軍備拡張《かくちょう》をまねいた。（同前、一二一ページ）

アメリカもまた帝国主義の仲間入りをし、一八九八年にハワイを併合、さらにアメリカ－スペイン戦争でグアムやフィリピンなどをスペインから獲得しました。したがって、欧米列強が世界分割競争に突入する直前に、日本は体制を変革することができたわけです。

以上の読み解きで、一九世紀のおおまかな流れがつかめました。情報が多岐にわたるので、効率よく、明快にまとめることがポイントです。

解答例を挙げておきましょう。自由度が高い問題なので、「悪い解答例」は省略します。


【解答例】

一九世紀半ば、日本はアメリカの強い外圧により開国を余儀なくされた。その背景には、イギリスの産業革命が欧米に波及し、資本主義世界が形成されたことで、欧米諸国が植民地獲得のためにアジアへ進出したことがある。他方、イギリスはインドや中国での抵抗運動に直面し、フランスは二月革命の混乱を迎えていたため、アジア進出の動きをにぶらせていた。また、英仏に先駆けて日本と条約を結んだアメリカとロシアも、前者は一八六一年から南北戦争に突入したことによって、後者は一八五六年のクリミア戦争敗北後、国内改革を優先させたことによって、積極的な対日政策には至らなかった。日本が王政復古によって体制転換を遂げたのは一八六八年であり、一八七〇年代からは帝国主義の時代に入り、植民地獲得競争が激化していく。以上から、圧力のみならず、欧米勢力が一時的に対外政策を消極化したことも、明治維新の世界史的な背景を形作っているといえるだろう。（四〇〇字）

なお、拙著『大国の掟』では、南北戦争は別の意味でも、明治維新に影響を与えたことを指摘しました。その部分を引用しておきましょう。

南北戦争は一八六一年に起き、六五年に終結しました。明治維新は南北戦争の数年後ですから、当時のアメリカは国内統一に忙しく、対外的な政策を取ることができなかった。しかし七〇年代に入ると、アメリカも帝国主義の仲間入りをします。ちょうどその前に、日本は体制を変革することができたわけです。

さらに、南北戦争で使われた新型の銃は維新政府軍へと流れていきました。余った武器を売りつけたいアメリカ人が、アジアにまでやって来たのです。

西南戦争では、明らかに西郷軍のほうが戦歴を積んでおり、維新政府軍は弱かった。

それでも政府軍が勝てたのは、南北戦争で余った銃を購入して、兵器のレベルで圧倒したからだという見方もできます。

歴史には、このように「論理で説明できない要素」が必ず紛れ込んでいます。しかし、日本近代史のうえで、南北戦争が開国と明治維新の間に起きたことは、決定的な重要性をもっているのです。（『大国の掟』二一五〜二一六ページ）

【練習問題③】

ルネサンスと宗教改革は、それぞれ中世的現象か、それとも近代的現象か。両者が社会に及ぼした影響の違いをふまえて、二〇〇字以内で説明しなさい。

【解答のヒント】

ルネサンスと宗教改革は、世界史の教科書でも倫理の教科書でも詳しく説明されています。世界史では、かつては近代の出発点として両者を位置づけていましたが、近年は「近世」という時代区分に含まれることが多くなりました。

この変化の背景には、ルネサンスと宗教改革が、中世から近代への過渡的な事象であるという認識があります。ということは、ルネサンスと宗教改革はいずれも中世的な側面と近代的な側面をあわせ持っていることになります。

ただし、近代であれ近世であれ、教科書ではルネサンスと宗教改革は並列的に扱われているため、その性格の違いについては言及されていません。

そこで本問では、あえて「中世的現象か、それとも近代的現象か」という問いの立て方をすることで、両者の性格の違いまでを含めて考察することを出題のねらいとしています。

本問は、能動的に教科書を読むことを目的とした問題でもあるので、練習問題①②のように引用箇所は提示しません。読者のみなさんは、自身で教科書なり参考書籍なりを読み解いたうえで、解答を作成してみてください。

基本的には、教科書の範囲内で十分説得的な解答をつくることは可能ですが、より本格的に考察してみたい方には、ドイツの神学者エルンスト・トレルチ（一八六五〜一九二三）の著書『ルネサンスと宗教改革』を推薦します。トレルチは、文化史・宗教社会学の分野で大きな業績を残しましたが、本来の専門はプロテスタント神学です。このトレルチは、日本でも有名な社会学者マックス・ウェーバーのプロテスタンティズム理解に強い影響を与えた人物としても知られています。

さらに近代そのものの本質について理解を深めたい人は、同じくトレルチの「近代精神の本質」という論文を読んでみるといいでしょう。この論文は、『トレルチ著作集10　近代精神の本質』に収録されています。

どちらも絶版ですが、『ルネサンスと宗教改革』は比較的安価に入手することができます。『トレルチ著作集10』は数千円の値がついているので、図書館で借りるのも選択肢の一つですが、多少高くても手元に置いておく価値のある本です。

解答例については二四ページを参照してください。

応用編

古典を読んで「類推する力」を養う

「国語ゼミ」の応用編に入りましょう。

基礎編で学んだことをベースに教科書の読み込みを続けていけば、「読む力」の基本は着実に身につきます。次なるステップは、教科書と比較すれば論旨も複雑で難解な古典的名著を、自らの血肉とする読解術を養成することです。

「自らの血肉とする」とは、古典の読解から自らの置かれている状況を深掘りして、この時代の深層で何が起きているかをしっかり把握すること。ここで取りあげる三冊の古典は、最強の武器になります。

とはいえ、「古典」というだけに、この三冊は「働き方改革」にも「AI」にも、そして「現代の民族紛争」についても直接には言及していません。そこで読者には、アナロジカルな思考を働かせて、その内容を現在の事象と結びつけて考察する力が要請されるのです。これは、**「類推する力」「推論する力」**と言い換えてもよい。応用編では、**「類推する力」を身につけるためのトレーニング**を行います。

本書でいう「国語力」とは、「読む力」を底にした論理的思考力や表現力、批判力、判断力のことでした。応用編のテーマは、**「読む力」と「国語力」の橋渡しをすること**、と捉えてください。

古典だけだと少々窮屈なので、最後に小説を何冊か挙げて、そこから現代社会の様相を掬《すく》いあげる技法をお目にかけましょう。どんな小説を取りあげるか、お楽しみに。

あらましを最初に示しておきます。

①難解な古典を読むための「技法」の紹介。
②宇野弘蔵『経済原論』の読解を通じて、「資本主義の現在」について考える。
③ド・ラ・メトリ『人間機械論』の読解を通じて、「AI」について考える。
④アーネスト・ゲルナー『民族とナショナリズム』の読解を通じて、「民族」について考える。
⑤小説の読解を通じて、「現代社会」について考える。

1　読書の道は「感化」から

読書の技法に王道なし

筆者は二〇一二年に『読書の技法』という本を上梓しました。また、二〇一六年には池上彰さんとの共著『僕らが毎日やっている最強の読み方』を刊行しています。この二冊では、難解な古典を精読するための具体的な方法や、効率的な読書のコツを紹介しました。

ただし、これらは池上さんなり筆者なりの「技法」「読み方」であって、誰にでも応用可能な汎用性の高いものではありません。私たちの方法論を参考にして、ぜひ読者自らの「技法」を築きあげてほしいという思いを込めたつもりです。そのためには、ここまで述べてきたような地道なトレーニングを重ねるしかありません。したがって、身もふたもない言い方になりますが、「読書の技法に王道なし」なのです。

とはいえ、指針とするべきことはある。具体的な読解に入る前に、そのことについて述べておきます。

「読む力」は感化によって身につく

ガイダンスで紹介した『ＡＩ vs. 教科書が読めない子どもたち』のなかで、新井紀子さんは、全国二万五〇〇〇人を対象とした読解力調査の結果として〈今のところ、「こうすれば読解力は上がる」とか「このせいで読解力が下がる」と言えるような因子は発見されなかった〉（前掲『ＡＩ vs. 教科書が読めない子どもたち』二二三ページ）と述べています。

新井さんは、読解力を左右する要因を探る目的で、生活習慣や読書習慣、学習習慣についても調査しました。ところが驚くべきことに、読書習慣をはじめとする諸習慣と読解力との相関関係はほとんど見出されなかった。たとえば、読書好きであることと読解力があることに有意な関係はない。塾に行っていることと、読解力の有無にも相関関係はない。この調査自体がどこまで信頼できるかという問題は、とりあえず脇に置いておきますが、アンケート調査から判断する限り、「読む力」を鍛える方法は見当たらないということになります。

ここでいう読解力とは、難解な文章を読み解く類《たぐい》のものではありません。端的にいえば、あらゆる科目の「教科書を正確に読む力」のことです。具体的には、文章の係り受けや同義表現を理解したり、「AであるからBである」などの推論を働かせたりする力のことです。
このままでは筆者が述べたとおり、「読む力」を鍛える汎用的方法は本当に存在しないということになってしまう。しかし新井さんの本には、鍛えるためのヒントが書かれています。そのくだりを引用しましょう。

私が博士課程の指導をした学生に、仮説を立てたり推論したりすることができなくて、論理的な文章を書くのが苦手な学生がいました。博士論文を書くときには大変な苦労をしました。その元学生の男性に、RST〔リーディングスキルテスト：引用者注〕の問題を作るお手伝いをしていただいたのです。彼の担当は、他の人が作った問題の妥当性と、正解が適切であるかどうかを検討することでした。すると、みるみるうちに文章力が向上して、半年も経たないうちに、とてつもなく論理的な文章を書くようになったのです。彼はそのとき38歳でした。（同前、二五一ページ）

「元学生」は、なぜ論理的文章を書く力を向上させることができたのか。テスト問題を検討することで、論理というものに自覚的になったということもあるでしょう。しかし根本的には、この仕事に取り組むことで新井さんの感化を受けて、その結果、読解力や記述力が向上したわけです。つまり、**本質的な「読む力」を身につけるうえでは、具体的な人間関係のなかで誰かの影響を受けることが決定的に重要**なのです。

それは教師かもしれないし、友人かもしれない。ビジネスパーソンであれば、会社の上司であるかもしれない。読解力や読書力は、そういった感化や影響を受けることでしか身につきません。

優秀な読書家との出会い

筆者自身もやはり感化によって、読書の力が身についたと思います。小学校六年生の終わり頃から通っていた塾の、岡部宏先生という国語の先生にすすめられるまま、モーパッサン、島村抱月《ほうげつ》、島崎藤村、フローベールなど、自然主義系の小説や評論を次々と読んでいきました。また、小学校五年生から中学生にかけては、新井義弘先生という牧師の先生が開いていた小さな英語教室の授業も受け、そこではキング・ジェームズ版の英訳聖書を暗誦《あんしょう》するかたちで授業が進みました。

浦和高校時代には、倫理社会を教えていた堀江六郎先生の授業で、アメリカの神学者ラインホルド・ニーバーの『光の子と闇の子』を講読しました。堀江先生がこの本を紹介してくれなければ、筆者は神学と出合わなかったでしょう。

ビジネスパーソンの読む力にも同じことがいえます。周囲にいる優秀な読書家を見つけて、その人間と本を通じて対話をすることが、読む力を鍛えるなによりの近道です。

そういう読書家はさまざまな図書を推薦してくれるし、わからない部分を指導する労も惜しみません。なぜならば、知識というものには**「知ったら人に伝えたくなる」**という本性があるからです。

周囲に範とするような読書家がいない場合、あるいは自分ひとりで読書術を身につけたい人は、次善の策として、手練《てだ》れの本読みの書いた書評に接したり、信頼できる著者の読書術を読んだりして、参考にしてもいいでしょう。感化は、書籍からも受けることができる。本書もまたその一助となることを願っています。

「三回読み」という技法

感化によって「読む力」が身についてはじめて、「技法」というものが意味を持ってきます。逆に、いくら技法を知っていたとしても、感化という「きっかけ」がなければ、本物の読書力には結びつかないでしょう。

そして「技法」とはいえ、それはあくまで目安であり、参考とするべきものであって、絶対的なものではないことを忘れないでください。

読者の参考のために、筆者が実践している読書の技法を挙げておきます。

熟読の要諦《ようてい》は**同じ本を三回読むこと**です。

一度目の通読では、重要と思う箇所に傍線を引いたり、理解できない箇所に「？」を記したりと、本に印をつけていきます。

二度目の読書では、特に重要な箇所を線で囲む。このとき、囲みはどんなに多くてもテキストの十分の一にとどめることが大切です。

囲みの作業が終わったら、今度はそのなかで知識として定着させたい箇所や、本を評価するうえで気になる箇所などを中心にノートに書き写す。その際、読者自身のコメントもいっしょに書き込むことが理解を深めることにつながるでしょう。

そして三度目は、目次の構成を頭に叩き込んだうえで、結論部分をもう一度通読します。この段階までくれば、第一読でわかりづらかった箇所のほとんどが理解できるようになっているはずです。

以下に取りあげるような難解な学術書の場合、いきなり通読するのは難しいかもしれません。そこで、**まず概要をつかむために、最初の五〇ページと最後の五〇ページを読んでみてもいい**でしょう。

通常、学術的な書籍は、冒頭の部分は丁寧に論理を積み重ねていくものです。その論理が把握できれば、結論部分の半分以上は理解できる。目次と冒頭部分、結論部分をある程度把握してから、先述した「三回読み」を行えば、さらに知識の定着度や理解度は高まります。

読書の技法というと、速読術のようなものを求める読者も多いかもしれません。あえて言うと、以下の三冊のような難解な本をゆっくり、丁寧に読むことこそが、大量の本をスピーディに読むことの前提になるわけです。

2 『経済原論』から「資本主義の現在」を考える

背景解説：「宇野経済学」とは何か

では、一冊目として宇野弘蔵『経済原論』の精読に入りましょう。冒頭で述べたとおり、資本主義の現在を考えるうえで、この本はきわめて有効です。ブラック企業の問題や増大する過労死など、現下「働き方」が焦点となっている。『経済原論』をとおして、この状況を客観的に把握できる力が身につくのです。

古典的な名著を読む場合、著者に関する情報を事前に仕入れておくことも重要です。「感化による読書」では、そういった周辺情報も含めて、読み方のコツを教わることもできる。それも大きなメリットです。

ここでも、導入として宇野弘蔵と宇野経済学の特徴を説明することから始めます。

宇野弘蔵（一八九七〜一九七七）は、マルクス『資本論』研究の第一人者。しかし、『資本論』から革命の指針を見出そうとするような、イデオロギー過剰なマルクス主義経済学者ではありません。

本書の「序」で、彼は次のように述べています。

機会のあるごとに明らかにしてきたように、私の経済学は、その根本において、『資本論』から学んだものにほかならない。しかし『資本論』をイデオロギーの書として、これを如何《いか》なる批判に対しても擁護しようというのは、これを読みもしないで排撃するのと同様に、『資本論』の偉大なる科学的業績を現代に生かすものではないと思っている。『資本論』における問題点は問題点として明らかにしてこそ、『資本論』に学ぶこともできるのである。また古典経済学を徹底的に批判して確立されたマルクス経済学を措《お》いて、経済学の基本的概念は得られるものではない。『資本論』は古い、などといって済ませるものではないのである。『資本論』を科学の書として、できうる限りこれに学ぶというのが、私の念願である。（『経済原論』三〜四ページ、引用に際しル

ビを補った）

この引用からは、著者である宇野が、『資本論』の偉大なる科学的業績を現代に生かすこと、『資本論』を「科学の書」として学ぶことを強調していることがわかります。

引用には「マルクス経済学」という言葉が出てきました。**宇野は、マルクス経済学とマルクス主義経済学を区別**します。マルクス主義経済学が、資本主義を打倒し、共産主義革命を起こすことを目的に組み立てられた経済学であるのに対して、マルクス経済学は資本主義の内在的論理を解き明かす経済学だといえるでしょう。

このように「マルクス」の名がついた二種類の経済学が生まれたことには理由がある。マルクスの『資本論』のなかには、二つの魂があるからです。

第一は、観察者として資本主義の内在的論理を解明しようとする魂であり、それはマルクスの主著『資本論』に端的に現れている。第二は、資本主義社会を革命によって打倒し、理想的な社会をつくろうとする共産主義革命家としての魂です。

このうち、革命家としての魂が強く出ている部分は、論理構成が崩れてしまっているため、資本主義の内在的論理を理解するうえでは躓《つまず》きの石になってしまう。そこで、宇野は『資本論』の第一の魂だけを徹底的に掘り下げました。それが宇野経済学なのです。

長い名詞句は「主語 - 述語構造」に置き換えてみる

そのことを端的に述べているのが、本書の末尾につけられた注釈部分です。このくだりは、宇野の思想を読み解くうえで非常に重要な箇所となります。

マルクスは『資本論』第一巻第二十四章第七節の「資本家的蓄積の歴史的傾向」で資本主義から社会主義への転化の必然性を述べているのであるが、私にはこれは『資本論』で明らかにされている資本主義社会の経済的運動法則による規定とは考えられない。(中略)資本家的商品経済があたかも永久的に繰り返すかの如くにして展開する諸法則を明らかにする経済学の原理自身によって、その原理を否定する転化が説きえないことは当然と考えるのであるが、しかしこのことは資本主義社会自身の永久性が経済学によって説かれるということではない。(同前、二四四～二四五ページ)

ここで宇野は、『資本論』が述べている〈資本主義から社会主義への転化の必然性〉は、資本主義社会の経済的運動法則からは導きえないと語っています。さらに重要なのが、〈資本家的商品経済があたかも永久的に繰り返すかの如くにして展開する諸法則を明らかにする経済学の原理〉という名詞句ですが、はなはだ読みづらい。

このように形容部分が長い名詞句は、主語-述語構造の文章に直すと理解しやすくなります。この場合は、「経済学の原理が明らかにするのは、資本家的商品経済があたかも永久的に繰り返すかの如くにして展開する諸法則である」と、いったん文章の形にするのです。

こうすることで、宇野が明らかにしたのは、**資本主義経済が永遠に続いていくように見える、そのことを解明するための原理**だとわかる。それゆえ、経済学の論理のうえでは資本主義が社会主義に必然的には転化しないと考えるのです。

では、末尾の〈しかしこのことは資本主義社会自身の永久性が経済学によって説かれるということではない〉とは、どういうことでしょうか。この点も、引用に続く箇所を読めばわかるのですが、敷衍したほうがわかりやすいので、筆者の言葉で解説しておきます。

宇野はもともと、共産主義革命に関心を持って『資本論』を読みました。その結果、先述したように、『資本論』の内容からイデオロギー過剰な革命への願望をいったん取り去って、資本主義の内在的論理を、誰にでも理解可能な言葉で明らかにすることを課題にしたのです。このことによって、資本主義のどこに問題があり、それをどう超克《ちょうこく》すればよいかが明らかになるからです。

『資本論』から共産主義イデオロギーを除去することを強く主張する宇野は、一見資本主義を是認する客観主義者のように思えますが、そうではありません。〈資本主義社会自身の永久性〉を説いているわけではないのです。マルクスの革命への想いが過剰だからこそ、宇野は本物の革命を近づけるためにはこのような操作が必要だと考えているのです。

ただし、以下を読み進めるうえでは、革命家としてのマルクスの魂を除去したものが宇野経済学だと捉えたほうが、論理的混乱を避けることができるでしょう。

まずは「資本主義成立以前」の分析から

核心に入ります。宇野が解明した資本主義の内在的論理とはどのようなものか。まず、次の文章を読解してみましょう。文中のGは貨幣、Wは商品を意味します。

G――W――G′の形式は、具体的には資本主義に先だつ諸社会においても、商品経済の展開と共に、あるいはむしろその展開を促進するものとしてあらわれる商人の資本に見られるのであるが、それは商品を安く買って高く売るということにその価値増殖の根拠を有するものである。多くの場合、場所的な、あるいは時間的な価格の相違を利用するか、あるいはまた相手の窮状乃至《ないし》無知を悪用するか、いずれにしろかかる条件を前提とする商人の資本家的活動によるのであって、資本自身がその価値を増殖するものとはいえない。かかる商人資本は、安く売る者と高く買う者との間に入って、いわば社会と社会との間に割込《わりこ》むことによって利潤をあげるのであって、その価値増殖は社会的に一般的根拠を有するものではない。（同前、四九〜五〇ページ、引用に際しルビを補った）

冒頭の「G――W――G′」（貨幣――商品――貨幣′）は何を意味するのか。対照的なものと比較すると、理解しやすいでしょう。この引用部の前では、次の二つがまったく異なる意味を持っていることが説明されています。

・W――G――W′（商品――貨幣――商品′）
・G――W――G′（貨幣――商品――貨幣′）

W――G――W′は、何かの商品（W）を売って、そのお金（G）で別の商品（W′）を買うことを意味しています。たとえば、古いゲームを売って、新しいゲームを買う。この場合、新しいゲームを手に入れた時点で満足するのですから、この式は完結します。

それに対して、G――W――G′は、お金（G）を持っていて、それを元手にして得た商品（W）を売り、より大きい額のカネ（G′）を手に入れることを意味します。こうなると、目的はより多くの貨幣を手に入れることですから、一度利益をあげただけでは止まりません。新たに得たカネを再び商品にして売り、さらにカネを増やしていく。その運動に終着駅はなく、無限に続いていくわけです。

以上を頭に入れたうえで、引用した文章に戻ってみましょう。

ここではまず、G――W――G′は、資本主義に先立つ社会においても、商人資本というかたちで現れることを説明しています。しかし商人資本は、〈安く売る者と高く買う者との間に入って、いわば社会と社会との間に割込むことによって利潤をあげるのであって、その価値増殖は社会的に一般的根拠を有するものではない〉。ここは理解しづらいので、敷衍しておきましょう。

商人は、封建的な社会だろうが、資本主義的な社会だろうが、安く売りたい人と高く買いたい人がいれば儲《もう》けが出る。したがって、その金儲けは社会のあり方に規定されないということです。

さらに、引用部の後には、G……G′という金貸《かねかし》資本についての説明がある。金貸資本の場合、お金を貸しつけて、利子を取ることで利潤を増やすから、W（商品）が介在しないわけです。そして金貸しも、お金に困っている人間さえいればいいのだから、さまざまな社会に存在することになる。

とするならば、商人や金貸しがいるからといって、それだけでは資本主義社会とはいえません。宇野の言葉を使えば、〈それ自身の内に価値増殖の根拠を有する自主的な運動体をなすものではない〉（同前、五一ページ）ことになります。

商人資本から産業資本へ

では、どうすれば資本主義社会が成立するのか。つまり資本が自律的に価値を生み出すようになるのか。ここは非常に重要なポイントなので、少し長くなりますが、そのまま引用します。読者は一文一文の意味を考えながら根気よく読み進めてみてください。キーワードは一五行目の「労働力」です。

かくて資本は、G――Wの過程で購入した商品をそのまま売るのでなく、この商品によって新しくヨリ多くの価値を有する商品を生産し、その商品をW――Gの過程で販売して剰余《じょうよ》価値をうるというのでなければ、自らの基礎を確立するというわけにはゆかない。即ち、資本主義社会において生産に投ぜられる、いわゆる産業資本の形式、G――W……P……W′――G′（Pは生産過程を示す）を展開することによって始めてかかるものとなるのである。もちろん、ここでW――Gとして販売される商品はG――Wで購入される商品と単に使用価値を異にするというだけではなく、ヨリ多くの価値を有する商品としてのW′――G′である。資本は新たなる使用価値と共にヨリ多くの価値を有する商品を生産するわけである。しかしそれはいわゆる小生産者のように、例えば原料等を商品として買入れ、これに自ら労働を加えて新しく商品を生産するというのでは、たといヨリ多くの価値を有する商品を生産するとしても、それでは資本が生産したということにはならないし、そのヨリ多くの価値も、資本の価値増殖ということにはならない。そこでこの形式ではG――Wで購入される商品は、単にW′の生産に必要な生産手段だけでなく、その生産手段をもって新しく商品W′を生産する労働者の労働力をも商品として購入するというのでなければならない。労働力自身を商品として買入れるとき始めて資本は自ら商品を生産しうることになるわけである。

（同前、五一～五二ページ、引用に際しルビを補った）

最初の二つの文章を敷衍すると、こうなります。

貨幣で何か商品を買う。それが「G——W」です。この商品をそのまま転売するだけでは、先述した商人資本と同じであって、資本自身が価値を生み出すことはできません。ここで買った商品を使って、より多くの価値を持つ商品を生産し、それを販売して利潤（＝剰余価値）を生み出す。それができてはじめて、資本は、商人のように他人の生産に依存することなく、自主的に利潤を生み出し続ける基盤を構築できるのです。以上の内容を表した式が「G——W……P……W′——G′」です。「貨幣——商品……生産過程……商品′——貨幣′」と日本語で置き換えればよくわかるでしょう。これが**「産業資本」の形式**です。

キーワードに神経を研ぎすませる

では、どうすれば資本は新しい商品を生産できるのか。

小生産者のように自分で手を動かして商品を生産したのでは、資本が生産したとはいえません。また、機械や道具、原料といった生産手段を買うだけでは、資本は新しい商品をつくれない。新しい商品を生産するためには、生産手段とともに、〈その生産手段をもって新しく商品W′を生産する労働者の労働力をも商品として購入するというのでなければならない〉。

ここにキーワードが登場しました。「労働力」とは文字どおり、**「働く能力」**のこと。それを「商品として購入する」とは、具体例を考えればすぐに理解できます。たとえば、自分が工場を経営することを考えてみましょう。機械や原料のほかに、労働者を雇わなければなりません。つまり、働く能力である労働力も、原料や機械と同様に「商品」として購入されるのです。

この「労働力の商品化」が起こってはじめて、資本は自ら価値を増殖させることができる。したがって**「労働力の商品化」こそが、資本主義の内在的論理にとって決定的な意味を持っている**ことになります。

以上については、宇野の別著『経済政策論』のなかでより平明に記されています。

［資本主義社会とは］自然に対して働きかけて生活資料ないし生産手段を獲得して経済

生活を営むという、あらゆる社会に共通な、人間生活に絶対的な労働＝生産過程自身をも商品形態を通して旧来のいかなる社会よりもより経済的に行なう社会である。そしてそれは労働力自身を商品化することによってはじめて実現されたのである。（『経済政策論』七ページ）

資本主義社会とは、商品経済が社会全体をまるごと覆《おお》っているような社会です。ですから、古代や中世のように、ある地域では商品経済が成立しているけれど、ある地域では自給自足経済を営んでいるような社会は、資本主義社会とはいえません。「労働力の商品化」が起きるということは、資本の運動が社会全体に張りめぐらされていくことを意味します。こうして出来上がるのが、資本主義社会なのです。

前提としての「二重の自由」

『経済原論』に戻りましょう。先の引用に続けて、宇野は「労働力の商品化」が可能となる条件について説明しています。いったい、どのような人びとが労働力を商品化できるのか。

ここは筆者が敷衍して説明しましょう。論理的に考えて、「労働力の商品化」は**「二重の自由」**がないと起きません。

第一に、身分的な制約や土地への拘束《こうそく》から離れて自由に移動できること。これは**「契約を拒否できる自由」**を持っているということでもあります。第二に、自分の土地と生産手段を持っていないこと。生産手段とは、たとえば工場や機械設備のことです。これを**「生産手段からの自由」**と呼びます。この場合の「自由」とは、「持っていない」ということですから、日本語のポジティブな意味合いとは異なることに注意しましょう。

土地に縛りつけられず、自由に移動できる。しかし、自分の土地や生産手段は持っていない。これが「二重の自由」です。

正規、非正規にかかわらず、企業の社員は、みな「二重の自由」の状態にある。だから、自分の働く能力、すなわち労働力を商品化し、それを売って生活しているわけです。

労働力を商品として買うのは、もちろん資本家です。資本家が月給二〇万円で労働者を雇うのはなぜか。それは二〇万円で労働者を雇うことで、それ以上のお金を儲けられるからです。たとえば、二〇万円で労働者を雇って、二五万円の儲けが出る。この五万円は資本家のものです。三〇万円の儲けが出れば、一〇万円が資本家の懐《ふところ》に入るのです。

「消費としての労働」とは何か

しかし、資本家がいくら儲けても、労働者に分配されることはありません。宇野はその理由を次のように説明しています。ここでは、「消費としての労働」という言い回しに注目してください。

> 資本にとっては、労働は無産労働者の労働として、商品形態をもって購入した労働力の資本のもとにおける消費としての労働である。したがって賃銀は、労働賃銀の形態をとるにしても、決して労働に対する報酬としての所得ではなく、労働力商品の代価にすぎない。賃銀は資本——利潤に対応する所得をなすものではない。（前掲『経済原論』二四二ページ）

難しい箇所なので、丁寧に読んでいきましょう。

「無産労働者」とは、生産手段から自由で、自分の労働だけでは商品を生産できない労働者のことです。現代の会社員もみな無産労働者です。資本は、そういった労働者から労働力を商品として買う。この点では、原料や機械と扱いは変わりませんから、**資本にとっての労働は、原料と同じように、消費するもの、平たくいえば使い倒すものでしかありません。**そのことを引用文では〈消費としての労働〉と言っているのです。

それゆえに労働賃金（賃銀）は〈決して労働に対する報酬としての所得ではなく、労働力商品の代価にすぎない〉。つまり、資本は、よく働いたとか、品質のいい商品をつくったといった労働者の働きぶりに対してではなく、**働く能力という商品の代価として**賃金を払っているにすぎません。だから賃金は、会社の利益には対応していないわけです。

このように、資本主義の内在的論理では、賃金は資本家が利益をあげた段階ではなく、生産段階で決まります。賃金を対価に購入した労働力を資本家が最大限に活用して利潤をあげても、それが労働者に分配されることにはなりません。分配は、資本家と（資本家に土地を貸す）土地所有者という異なる部門の資本家の間でなされるものであって、労働者には関係ない。したがって、**企業がいくら業績をあげても、それが労働者の賃金上昇に直接つながることにはならない**のです。

こうして純粋な資本主義社会には、資本家と労働者という階級が現れることになります。資本家はより多くの利潤を得るために、長時間労働やサービス残業を強いて労働者を搾取《さくしゅ》する。資本主義の論理から考えると、いくら「働き方改革」を謳《うた》ったところで、ブラック企業や裁量労働制の拡大は必然的に起こる現象といっていいでしょう。

しかし資本主義では、自由な市場で労働力商品を賃金に交換するという形態をとるので、この交換の中に階級関係が隠されている仕組みがよく見えません。それゆえ「労働力の商品化」がなされている限り、**資本主義社会はあたかも永続するかのごとく回っていく。**これこそが、宇野が解明した『資本論』の論理です。

現下状況に応用すると

ここで述べたように、労働賃金は、労働力商品の代価として支払われるため、資本家が儲けたからといって、労働者の所得が増えるわけではありません。

では、労働者の賃金、すなわち労働力商品の価値は何によって規定されるのか。それには**三つの要素**があります。

たとえば一か月の賃金だったら、一つは、労働者が次の一か月働ける体力を維持できるだけのお金です。食料費や住居費、被服費、それにちょっとしたレジャー代などが相当するでしょう。

二つ目は、労働者階級を再生産するお金です。つまり家族を持ち、子どもを育てて労働者として働けるようにするためのお金が賃金には入っていないといけません。

三つ目として、資本主義社会の科学技術はどんどん進歩していきますから、それにあわせて労働者は自らを教育していかなければいけない。つまり、自己教育のためのお金が必要になります。

この三要素がないと、資本主義はまともに回りません。

しかし同時に、生産した商品を売ったときには、利益を出さないと、価値は増殖していきません。たとえば、時給一〇〇〇円でつくった商品を一〇〇〇円で売ったのでは、儲からない。だから、かならず一五〇〇円、二〇〇〇円と利益が出る価格で売ります。

ここで「類推する力」を働かせて、現下状況について考えてみます。もっと儲けたいと思ったら、企業はどうするでしょうか。従業員が過労死しない程度にサービス残業をさせたり、給料を下げたりすればいい。それが資本のホンネです。そうやって資本家は、少しでも搾取を強めて、利益を出そうとするわけです。いくら「働き方改革」といったところで、それは隠れ蓑《みの》にすぎません。

以上を押さえたうえで、ここで練習問題に取り組んでみてください。

【練習問題④】

次の文章を読み、傍線部の内容を八〇字以内でわかりやすく説明しなさい。

資本は、その生産物W′を販売してG′に実現すると、次の生産のためにまずその内から生産過程に消費した生産手段を再び購入する。（中略）そしてまた一方では労働力を購入するのであるが、その代価として支払われる賃銀は、労働者が資本の下に生産した生活資料を商品として買戻すための貨幣になるわけである。労働力を商品として販売し、資本の下に労働する労働者は、自ら生産するものをも資本の生産物として生産するのであって、労働力の再生産に必要な生活資料も賃銀によって買戻さなければならないのである。(中略)

かくして資本の生産過程は、年々消費される生産手段と生活資料とを再生産しつつ自らは生産することのできない、しかしその生産過程に欠くことのできない、というよりもむしろその基本的動力をなす労働力をも労働者の生活を通して再生産することになる。それは生産手段と生活資料という物の再生産過程でありながら、同時にまた資本家と労働者との社会的関係の再生産過程である。いわば賃銀労働者の今日の労働は、新たなる生産物と共に価値を、したがってまた剰余価値を生産しながら、明日の己《おのれ》の社会的地位をも賃銀労働者として再生産しつつあるということになる。労働力の商品化が、その価値規定を通して労働者に労働力を商品として再生産せしめるのである。それはその生産物を資本の生産物とすることに対応して、自らを賃銀労働者として再生産するわけである。かくしてまた労働者の個人的生活は、マルクスもいうように、「つねに資本の生産および再生産の一契機」をなすといってよいのである。(同

前、一一二〜一一三ページ、引用に際しルビと傍線を補った）

【解答のヒント】

「労働力の商品化」がひとたび起これば、資本は自律的に商品を生産することで利潤を生み出し続けると同時に、労働力も再生産されていく。引用文は、その論理的な必然性を説明しています。この箇所からも、資本主義があたかも永続的に回っていく理由を読み取ることができるはずです。

解答例については二四ページを参照してください。

3 『人間機械論』から「AIの現在」を考える

『人間機械論』のインパクト

二冊目として取りあげるのは、ド・ラ・メトリ著『人間機械論』です。ド・ラ・メトリは、一八世紀前半、つまり啓蒙の世紀に活躍した医師であり、書名が示すように、徹底した唯物論を唱えた人物です。この節では、アナロジカルな思考（類推する力）を働かせて、同書と現在のシンギュラリティ論を比較考察してみましょう。

岩波文庫版のカバーには、同書の与えたインパクトが簡潔に記されています。

18世紀に開花したフランス唯物論のもっとも尖鋭な代表者といわれる医師ラ・メトリ（1709—51）の主著。書名が示すとおり、主として生理学の力をかり、人間の精神が脳という物質の働きにほかならぬことを論証したもの。発表されるや宗教界に激しい憎悪の嵐をまきおこし、各宗派は「1人の哲学者を迫害するために力をあわせて狂奔した」という。

読者はいぶかしく思うかもしれません。たしかに発表当時はセンセーショナルな反響を巻き起こしたかもしれないが、なぜ現代のＡＩについて考えるうえで、一八世紀に書かれた本を取りあげるのか、他に適切な本が何冊もあるではないか、と。

筆者の見るところ、ド・ラ・メトリの発想はその後も脈々と息づき、現代のＡＩ万能論にまで引き継がれている。いずれＡＩは自律的な学習を繰り返すことで、人間の知能を超えていくという論者の発想の根幹にあるのは、『人間機械論』なのです。

したがって、それは決して目新しい話ではありません。流行の言辞に振り回されないためには、その発想の根幹を理解し、自ら判断力を働かせる必要があります。

残念なことに、同書は現在、絶版です。古書では比較的安価に入手できるので、ぜひ通読してみてください。

シンギュラリティとは何か、正確に理解する

さて、『人間機械論』の読解に入る前に、キーワードを正確に定義しておく必要があります。ここまで「シンギュラリティ」という言葉を注釈なしに使ってきました。日本では通常、「技術的特異点」と訳されますが、これはそもそもどういう意味なのか。「シンギュラリティ」を最初に提唱した、未来学者・発明家のレイ・カーツワイルの著書から引用してみます。

シンギュラリティとは、われわれの生物としての思考と存在が、みずからの作りだしたテクノロジーと融合する臨界点であり、その世界は、依然として人間的ではあっても生物としての基盤を超越している。シンギュラリティ以後の世界では、人間と機械、物理的な現実と拡張現実《ヴァーチャルリアリティ》（ＶＲ）との間には、区別が存在しない。（『シンギュラリティは近い』一五ページ）

カーツワイルによれば、早くも二〇二九年にはＡＩが人間の知能を超え、その後ＡＩは

人間のなかに組み込まれていき、私たちはＡＩというテクノロジーと一体化していく。彼は、その臨界点＝技術的特異点が訪れるのは二〇四五年と予測しています。

著者の「科学中心主義的態度」を確認する

以上をふまえて、『人間機械論』のポイントとなる箇所を読んでいきます。

同書の冒頭では、人間の思考能力を物質とは異なる心や精神、天啓《てんけい》によって説明する哲学者や神学者を批判し、人間の霊魂について〈発言権のあるのは生理学者のみである〉（『人間機械論』四七ページ）と断言します。その理由を述べた一節を引用しましょう。読解は難しくありませんが、ド・ラ・メトリの性格がよく表れています。

> かくて、経験と観察のみがこの場合われわれを導くべきものである。経験と観察とは、同時に哲学者を兼ねた医者の備忘録《びぼうろく》の中には無数に存在しているが、医者でなかった哲学者の中には存在していない。医者だけが人間の迷宮《めいきゅう》を遍歴し、解明したのであり、かれらのみがわれわれの目から多くの不思議を隠している外観の下のからく

りを剝《は》いで見せたのである。かれらのみが、われわれの霊魂を静かに観察しつつ、幾度かこれを捉えたのであり、卑しい状態においても、偉大なる状態においても捉ええたのである。（同前、四七ページ）

ド・ラ・メトリは、経験と観察だけが霊魂を捉えることができると言っているわけです。ここで述べられている**科学中心主義的な態度**は、現代においても変わりません。

先述したように、彼は啓蒙の世紀を生きた医者であり、理性を絶対視する啓蒙思想の申し子といってもいいでしょう。経験と観察から得られた事実を理性で推論すれば、真理に到達できる。霊魂も物質からできていることを疑う視点は皆無です。

この引用のすぐ後で、ド・ラ・メトリは**「人間はきわめて複雑な機械である」**と、自らの人間機械論を宣言します。

『人間機械論』とシンギュラリティ論の共通点を見抜く

ド・ラ・メトリの唯物論が、昨今のＡＩ研究者の発想と酷似していることを示す記述を拾ってみましょう。彼は、人間とサルの器官が類似していることから、次のような結論を導き出しました。

もしこの動物［サル：引用者注］を完全に訓練すれば、ついにかれに発音を覚えさせ、従って或る国語を覚えさせるのに成功するであろうということを、ほとんど疑わないのである。そうなった暁《あかつき》にはもう野生《やせい》の人間でも、出来損《そこな》いの人間でもなく、完全に一人前《いちにんまえ》の人間であり、われわれと変らぬ才能、筋力《きんりょく》を持った町の小男であり、思考したり、その教育を利用したりすることができるであろう。（同前、六三～六四ページ）

シンギュラリティを信奉するＡＩ研究者は、人工知能の学習が進めば、ＡＩが人間の知能に到達することをほとんど疑いません。

スーパーコンピューターをめぐる助成金詐欺容疑で東京地方検察庁に逮捕された齊藤元章氏は、逮捕の一か月前に上梓された対談書籍でこう語っています。

井上　齊藤さんは、汎用人工知能の登場は、もう少し早いとお感じですか。
齊藤　本質的な部分を考えると、２０３０年頃という見立てです。下手をすれば２０２５年にも、われわれが予想するよりもはるかに高度な汎用性を持った人工知能が出てきてもおかしくないと考えています。
そうした意味において、現実がＳＦを超える日は近いのではないかと私は思います。
（齊藤元章／井上智洋『人工知能は資本主義を終焉させるか』一九ページ）

ド・ラ・メトリはサルが人間になれると確信し、シンギュラリティ論者である齊藤氏は機械が人間になる日は近いと言っている。両者の思考が相似形をなしていることがおわかりでしょう。

神学的思考を応用してみる

神学的に見ると、両者の発想の根っこには、**有限な公理系のなかから無限の外部を導出できる**という考えがあります。説明しましょう。

公理とは数学や論理学の用語で、無根拠で前提とされるルールのこと。つまり、他の命題を導き出すために導入されるもっとも基本的な仮定です。たとえば、「二直線が交わるとすれば、それは一点においてである」というのは証明不要の公理（自明な真理）で、この公理を前提としてさまざまな定理が導き出されることになる。

そのような公理の集まりが公理系ですが、注意するべきは公理系には制約があり、ある公理系のなかで自明とされる仮定は、他の公理系ではかならずしも真とはみなされないということです。

一六世紀には、カルバン派とルター派の間で、キリストの人性と神性をめぐって、無限と有限の関係についての大論争がありました。無限や宇宙を有限によってすべて包むことができると主張したルター派に対して、カルバン派は理解の及ばない外部性を認めたうえで、公理系の枠のなかでしか物事は判断できないと主張した。つまり、唯物論やシンギュラリティを信じる人の主張はルター派に似ていて、公理系を尊重する人はカルバン派と親和的なのです。

先述したとおり、公理系には制約があります。そしてガイダンスで述べたとおり、ＡＩ

には原理的に「意味理解（読む力）」に限界がある。工学という公理系のなかではＡＩは無限かもしれませんが、その限界を超えて、生命という無限の領域にまで広がっていくと考えるとしたら、それは「土星に生命がいる」と期待することと変わりがありません。

ＡＩ万能論へのツッコミ

『人間機械論』の核心部分を精読してみましょう。古代ギリシャの哲学者たちでさえ、肉体の状態に制約される複雑な機械にすぎなかったと述べたあと、ド・ラ・メトリはこう記します。

　人間が動物にすぎないこと、ないしはゼンマイの集合にほかならず、このゼンマイはことごとくたがいに巻きあうが、人間という輪のどこをさきに自然が始めたかを言いえないということ、を証明するのに、これ以上に渉《わた》る必要があるだろうか？（中略）たとえこれらのゼンマイは相互に異っているとしても、それはその鎮座《ちんざ》の場所といくらかの力の度合《どあい》の相違にすぎないわけであり、決して本質の相違ではない。従って魂は運動の原動力、ないし脳髄《のうずい》の中の感じる力を持った物質的な一部分にすぎないのであり、これは、まごうかたなく、機械全体の主要なゼンマイとみなすことができる。これはあきらかに他のすべてのゼンマイに対して影響を及ぼしているのであり、のみならずどうやら最初に作られたものらしいのである。（前掲『人間機械論』一〇一ページ）

冒頭の一文は重要です。クネクネした文章になっていますが、彼は、人間だけが機械だと言っているのではなく、動物も人間もいずれも「ゼンマイの集合」であると考えています。そして両者には共通する部分も多いのだから、〈人間という輪のどこをさきに自然が始めたか〉を確定することはできないというわけです。したがって、魂もまた〈物質的な一部分にすぎない〉。ここから、計算機械によって人間の知能を構成できると考えるシンギュラリティ論者まではあと一歩でしょう。

新井紀子さんは、『AI vs. 教科書が読めない子どもたち』のなかで、シンギュラリティ論から、そのバリエーションとしての「AIが神になる」「AIが人類を滅ぼす」といった巷間に流布している言説までを、すべて誤りであると退《しりぞ》けています。その理由は以下のとおり。

論理、確率、統計。これが4000年以上の数学の歴史で発見された数学の言葉のすべてです。そして、それが、科学が使える言葉のすべてです。次世代スパコンや量子コンピューターが開発されようとも、非ノイマン型と言おうとも、コンピューターが使えるのは、この3つの言葉だけです。

「真の意味でのＡＩ」とは、人間と同じような知能を持ったＡＩのことでした。ただし、ＡＩは計算機ですから、数式、つまり数学の言葉に置き換えることのできないことは計算できません。では、私たちの知能の営みは、すべて論理と確率、統計に置き換えることができるでしょうか。残念ですが、そうはならないでしょう。（前掲『ＡＩ vs. 教科書が読めない子どもたち』一一七〜一一八ページ）

公理系に無理解な人の末路

『人間機械論』の冒頭では、ド・ラ・メトリの生涯が訳者によって詳しく解説されています。人間を「ゼンマイの集合」と考えた彼は、祝宴の席で雉子肉《きじにく》と松露《しょうろ》入りのパテを、〈美食家にふさわしい食べ方〉をしたしばらく後に苦しみ出し、〈同業の手当をしりぞけて、自ら、瀉血《しゃけつ》、温浴等の療法を試みたが効なく、数日間苦しんだあげく〉（前掲『人間機械論』一九ページ）、帰らぬ人となりました。

人間機械論を唱えた医師も、自分自身の身体は、機械のように治すことはできなかった。このエピソードもまた、工学という公理系の限界を理解していない人の病理を語っているように思えます。

以上、類推する力を働かせれば、『人間機械論』の読解をとおして、現在のＡＩ万能論の欠陥を浮き彫りにすることができるのです。

さて、『人間機械論』は『経済原論』に比べたら論理構成もはるかに単純で、文章は平易であるため、内容を読解することは難しくありません。そこで練習問題として、類推する力をさらに磨くためのトレーニングをしてみましょう。

【練習問題⑤】

次の二つの文章から、ド・ラ・メトリの主張したいことを三〇字以内で説明しなさい。

病気の際には、あるときは魂は姿を消してしまい自分自身の記《しるし》を少しも見せないかと思うと、あるときは二倍になったかと思われるほど激怒に駆《か》られたりする。かと思うとまた、愚昧《ぐまい》さが消え失せ、馬鹿者の病気恢復期《かいふくき》が図《はか》らずも機智《きち》に富んだ男を現出したりする。あるいはまた比類なく美《うるわ》しい天才が愚物《ぐぶつ》となり、まったく前の俤《おもかげ》をとどめないのがある。そうなると、たいした費用をかけ、たいした苦労をしてえたあの立派な知識はことごとく昨日の夢である！（同前、四八～四九ページ）

魂と肉体はいっしょに眠る。血液の運行がしずまるに従って、平和と静穏との心地《ここち》よい感情が体のからくり全体にひろがる。魂は眼瞼《まぶた》といっしょにいい気持に重くなり、脳神経といっしょに下の方へ沈むような気がしてくる。かくして魂は少しずつ、体中の筋肉といっしょにいわば麻痺状態にはいってくる。（同前、五〇ページ）

【解答のヒント】

二つの引用部分は、いずれもド・ラ・メトリが自らの主張を敷衍するために出している具体例です。文章中に具体例が出てきた場合、「書き手はその具体例によって何を言おうとしているのか」を推論することが重要です。

解答例については二四ページを参照してください。

4 『民族とナショナリズム』から「民族問題」を考える

「民族」について考察する三つの理由

応用編三冊目の課題図書は、アーネスト・ゲルナー著『民族とナショナリズム』です。

ゲルナーは一九二五年生まれ、プラハ育ちのドイツ系ユダヤ人です。哲学者としても社会人類学者としても優れた業績を残しました。

彼は東欧で誕生したナショナリズム――特にユーゴのナショナリズムが、なぜかくも危険性を孕《はら》んでしまうのかという問題についての研究を進めている途中、一九九五年に逝去《せいきょ》しました。ゲルナーがあと一〇年長生きしていたら、世界のナショナリズム研究を大きく底上げしたことと思います。

彼の著書のなかでも、一九八三年に出版された『民族とナショナリズム』は、筆者の知る限り、民族問題に関するもっとも知的レベルの高い本です。しかしこの本には、脚注や参考文献のリストはなく、議論の流れもそうとう端折《はしょ》っている。それだけに、世界史の知識をはじめ、読者にも一定程度の知的能力が要求されるし、読解にも骨が折れます。その意味で本書は、民族問題に対する洞察力を高めるだけではなく、読解力の鍛錬《たんれん》にも最適のテキストといえるでしょう。

では、なぜ私たちは「民族」について考えなければいけないのか。理由は三つあります。

第一の理由は、グローバル化の急激な進展がさまざまな形で民族意識を刺激しているからです。

冷戦終結以降、国境を越えたヒト・モノ・カネの移動が加速したことにより、移民・難民の増大、労働者間の国際競争、さらには国際的なテロの拡散などが、それまでとはケタ違いの規模で生じている。ここ数年の世界を振り返るだけでも、ウクライナ問題、スコットランド独立問題、カタルーニャ独立問題など、世界各地で民族問題が噴出しています。**現下の国際情勢を的確に分析するためには、民族というファクターの理解が欠かせないのです。**

二つ目の理由として、とりわけナショナリズムという問題が、本章で取りあげてきた資本主義やAIとも密接に関わっているからです。この後の読解からわかるとおり、ゲルナーは、ナショナリズムを、産業社会の進展と不可分な近代的現象と捉えています。したがって、**民族とナショナリズムの関係を考えることは、国際情勢のみならず、近代や資本主義を問い直す視座を獲得することに**もつながっていきます。

そして第三の理由は、**ほとんどの日本人にとって、民族というのは、非常にわかりにくい問題**だからです。それは「日本人」が大民族であることが大きく関係しています。「日本人」

は、日本列島に集中し、そのなかで圧倒的な大多数を占めている。そういう「大民族」であるがゆえに、民族問題に対する感度が鈍い。そのために、歴史や現下の情勢を見る目が曇ってしまうのです。

「原理→感情→運動」という流れに注意する

では、読解に入りましょう。最初に、ゲルナーによるナショナリズムの定義を読んでみます。

> ナショナリズムとは、第一義的には、政治的な単位と民族的な単位とが一致しなければならないと主張する一つの政治的原理である。
>
> 感情としての、あるいは運動としてのナショナリズムは、この原理によって最も適切に定義することができる。ナショナリズムの感情とは、この原理を侵害されることによって喚《よ》び起される怒りの気持ちであり、また、この原理が実現されたときに生じる満ち足りた気分である。ナショナリズムの運動とは、この種の感情によって動機づ

けられたものにほかならない。（『民族とナショナリズム』一ページ、引用に際しルビを補った）

冒頭の一文は明確な定義とはいえません。「政治的な単位」「民族的な単位」が定義されていないからです。しかし具体例を考えれば、言わんとしていることはわかるでしょう。たとえば、スコットランド人のナショナリズムは、スコットランド人という民族的な単位と、国家という政治的な単位が一致しなければならないと主張します。

それが「政治的原理」となっている。つまり、政治において根本的な前提になっているということです。根本的な前提ですから、これは公理です。それ以上の根拠を問うことはできない。ナショナリズムにとって〈政治的な単位と民族的な単位とが一致しなければならない〉ことは、自明の前提になっているわけです。

続く第二段落では、この原理にもとづいて、「ナショナリズムの感情」「ナショナリズムの運動」が次のように定義されています。こうした展開は、非常に数学的です。

・ナショナリズムの感情＝〈この原理を侵害されることによって喚び起される怒りの気持ちであり、また、この原理が実現されたときに生じる満ち足りた気分〉
⇓
・ナショナリズムの運動＝〈この種の感情によって動機づけられたもの〉

このように、ナショナリズムは原理→感情→運動という形で展開するということを、この冒頭の一節から読み取ることができるのです。

労働力の商品化とナショナリズムの関係

しかし、肝心の「政治的な単位」や「民族的な単位」の定義がわからなければ、上記の引用の内実は理解できません。このうち、「政治的な単位」は「国家」です。ゲルナーは、マックス・ウェーバーによる定義を援用して、〈秩序の強制に（中略）特定的に携《たずさわ》る制度、あるいは制度の集合体〉（同前、六〜七ページ、引用に際しルビを補った）と国家を定義します。

国家とは、軍隊や警察などの暴力を独占することで、秩序の維持を図る暴力独占機関と捉えておけばいいでしょう。

問題は、「民族」をどう理解するかです。ここでは結論だけを述べておきましょう。

ゲルナーは、民族が最初にあってナショナリズムが生まれるという考えは誤りで、ナショナリズムという運動から民族が生まれる、と考えます。

さらにゲルナーは、ナショナリズムを近代特有の現象だと考えます。したがって、**近代になってはじめてナショナリズムという現象が生まれ、それが「民族」を生み出した**、というのがゲルナーの考えです。

なぜ、ゲルナーはナショナリズムを近代特有の現象だと捉えるのか。

それは、近代産業社会でないと、人びとの文化的な同質性が生まれないからです。

産業社会になると、人びとは身分から解放され、移動の自由を獲得するので、社会は流動化します。『経済原論』の節で解説した労働者の「二重の自由」を思い出してください。

社会が流動化すると、見知らぬ者どうしでコミュニケーションをする必要が出てきます。そうすると、普遍的な読み書き能力や計算能力といったスキルを身につけることが必須になる。では、そういった教育を誰が与えるか。国家しかありません。

一定の教育水準を広範囲で維持するためには、国家が必要です。国家は社会の産業化とともに、教育制度を整え、領域内の言語も標準化する。こうした条件があって、広範囲の人びとが文化的な同質性を感じることができるというわけです。

こうして、**産業化によって流動化した人びとのなかに生まれていく同質性が、ナショナリズムの苗床《なえどこ》になる**というのがゲルナーのナショナリズム論です。『経済原論』の読解では、資本主義社会の本質が、産業資本による「労働力の商品化」であることを説明しました。したがって、産業社会の登場と軌を一にするナショナリズムの形成にも、労働力の商品化が大きく関わっているのです。

愛国主義か愛郷主義か

以上の議論を展開したあとに、ゲルナーは次のように結論を述べています。本書のもっとも重要な一節なので、丁寧に読んでいきましょう。文頭の数字は引用者によるものです。

①本書で主張されていることは、ナショナリズムがきわめて特殊な種類の愛国主義であり、実際のところ近代世界でしか優勢とならない特定の社会条件の下でのみ普及し支配的となる愛国主義だということである。②ナショナリズムは、いくつかの非常に重要な特徴によって識別される種類の愛国主義である。③その特徴とは、この種の愛国主義、すなわちナショナリズムが忠誠心を捧げる単位は、③-1文化的に同質的で、(読み書き能力を基礎とする)高文化であろうと努力する文化に基礎づけられていること、③-2この単位は読み書き能力に基礎を置く文化を存続可能にする教育システムを維持しようとする希望に耐えるに十分なほど大きな単位であること、③-3この単位はその中に強固な下位集団をほとんど持たないこと、③-4この単位の住民は匿名《とくめい》的、流動的、動態的であり、直接的に結びつけられていること、すなわち、各人は、入れ子式に重ねられた下位集団への帰属によってではなく、彼の文化様式によって直接この単位に所属しているということである。④要するに、同質性、読み書き能力、匿名性が鍵となる特性なのである。(同前、一二三〇ページ、引用に際しルビを補った)

①は平易な文章ですが、ナショナリズムは〈きわめて特殊な種類の愛国主義〉だと述べていることに注意しましょう。この翻訳では、原文のpatriotismを「愛国主義」と訳していますが、patriを「国」と捉えていいかどうかは疑問が残ります。引用前からの文脈をふまえると、patriotismは、そのまま「パトリオティズム」とするか、「愛郷《あいきょう》主義」ぐらいに訳すほうがいいでしょう。

〈近代世界でしか優勢とならない特定の社会条件〉とは、先述した産業社会を指しています。

入り組んだ文章の構造を把握する

②で「特殊な愛郷主義」がいくつかの特徴を持つことを述べ、③でそれぞれの特徴を説明するわけですが、かなり文章が入り組んでいます。このような入り組んだ文章は、構造を的確に把握することが必要です。

構造をまとめると、次のようになります。

＊特殊な愛郷主義であるナショナリズムの特徴

〈ナショナリズムが忠誠心を捧げる単位〉とは、

＝③－1〈文化的に同質的で、〈読み書き能力を基礎とする〉高文化であろうと努力する文化に基礎づけられている〉

＝③－2〈読み書き能力に基礎を置く文化を存続可能にする教育システムを維持しようとする希望に耐えるに十分なほど大きな単位である〉

＝③－3〈その中に強固な下位集団をほとんど持たない〉

＝③－4〈この単位の住民は匿名的、流動的、動態的であり、［この単位に］直接的に結びつけられていること、すなわち……〉

③－3については解説が必要でしょう。〈強固な下位集団〉は、③－4で〈入れ子式に重ねられた下位集団〉と形容を重ねられていますが、これは仮に国家と対峙《たいじ》したとしても相互扶助で食べていくことができるような、独自の掟《おきて》を持っている集団のことです。たと

えば、マフィア。マフィアというのは、国家の法よりも自らの掟を重視し、仮にメンバーが逮捕されて服役しても、出所後は組織のネットワークが面倒をみてくれる。ここからわかるのは、コントロール不能で閉鎖的な下位集団を、近代国家は本質的に嫌悪して排除していこうとすることです。

そして④で以上四つの特徴を〈同質性、読み書き能力、匿名性が鍵となる特性なのである〉と要約しているわけです。

これでゲルナーの結論の大枠は見えたのではないでしょうか。人間は自分の住む土地と結びついた集団に対して、さまざまなかたちで愛郷心を持っている。それが近代の産業社会になり、上記の特性を備えた**国家という単位と結びつくことで、ナショナリズムが形成されていくということです。**

否定神学的方法に注目する

このようにゲルナーは、ナショナリズムを近代特有の現象と考えます。ただし、同書ではナショナリズムに、先に引用した以上の精緻《せいち》な定義を与えるという方法は採りません。

その代わりゲルナーは、**ナショナリズムについての誤った理論を提示して、それらを否定することで**「ナショナリズムは近代特有の愛郷主義である」という結論を導出するのです。

このように否定を重ねて、誤っているものを排除するかたちで定義づけていく方法を、**「否定神学」**といいます。そもそもは神を定義する際、こういうものではない、ああいうものでもないと、否定表現のみを連ねる方法のことでした。神は一切の述語を超えたものだというわけです。

日本人にとって否定神学は決してわかりにくい考え方ではありません。たとえば本居宣《もとおりのり》長《なが》は、大和心《やまとごころ》というものを「漢心《からごころ》」ならざるものというかたちで定義しました。漢心、すなわち中国に感化された考え方を排除する方法で、大和心を定義したわけです。

ゲルナーの議論は、こうした否定神学的なアプローチを採る点が非常に独特です。つまり、ナショナリズムをめぐるドクトリンのうちどれが正しいのかは確定できないが、少なくとも、**どれが間違っているかは確定できる。**ゲルナーは四つの通説を誤ったものとして提示しますが、これでおそらく、巷《ちまた》のナショナリズム論のほとんどが否定されることになるでしょう。

ここでは、最初の三つを解説しましょう（詳細は『民族とナショナリズム』二一六〜二一七ページを参照してください）。

一つ目は、ナショナリズムは自然で自明であり、自己発生的であるという見方です。

二つ目は、ナショナリズムは観念の産物であり、やむをえず生まれたため、ナショナリズムはなくても済ますことができるという考えです。これもゲルナーは否定します。

一見、一つ目と矛盾しているようですが、そうではありません。ゲルナーは、ナショナリズムは近代特有の現象と認めながら、同時にそれを消去することはできないと言っているのです。

三つ目は、マルクス主義者への皮肉です。マルクス主義者は、労働者階級に「目覚めよ」とメッセージを送ったのに、そのメッセージは民族に届いてしまった。すなわち、ソ連邦を維持する原理のなかに、「万国の被抑圧民族、団結せよ」という異質なスローガンが入りこんだ。そうすることで、中央アジアのイスラム教徒の反西欧意識と民族解放へのエネルギーを、ソ連の側に惹《ひ》きつけようとしたのです。

マルクス主義者はこのことを、「宛先違い」だったと弁解しますが、しかし、そういう見方は誤っている。なぜ民族に人びとが動かされてしまうのかを考えなければいけないとゲルナーは言いたいわけです。

ゲルナーのように、民族を近代的現象と捉える考え方が妥当かは、次の実践編でくわしく扱いますが、『民族とナショナリズム』はナショナリズム論の最高峰に位置する一冊なので、読解力を鍛えるためにも、ぜひ自力で読破してみてください。

【練習問題⑥】

次は、ゲルナーが否定した四つ目の通説です。これを読んで、「暗い神々」が含意している内容を明らかにしたうえで、ゲルナーの見解を八〇字以内で説明しなさい。

④暗い神々。ナショナリズムは、先祖の血や土の力が再出現したものである。これは、ナショナリズムを愛する者と嫌悪する者との両方がしばしば共有する見方である。前者は、こういった暗い力を生命を躍動させるものと考え、後者は、それを野蛮だと考える。実際には、ナショナリズムの時代に生きる人間が、他の時代の人間に比

べてより好ましい、あるいはより不快だなどという事実はない。おそらくより好ましいであろうという若干の証拠はある。彼の犯罪は、他の時代の犯罪と同等である。それらの犯罪が目立って見えるのは、まさに、犯罪がより衝撃的なものとなり、より強力な技術的手段によって実行されるからにすぎない。（同前、二一七ページ）

【解答のヒント】

世界史、とりわけ現代史の知識があれば、「暗い神々」が意味する内容は明白でしょう。引用文終盤の「犯罪」という言葉も手がかりとなります。重要なのは、この言説をゲルナーが否定していることです。その点を正確に読み取り、自分の言葉で要約してみてください。

解答例については二四ページを参照してください。

5　二冊の小説から「社会の縮図」が見えてくる

応用編の締めくくりとして、小説や物語の読解について、具体的な作品を紹介しながら考えてみたいと思います。

論理によって構築された学術的な本とは異なり、小説や物語を、何かを学ぶために自覚的に読む人は少ないかもしれません。実際、筆者も気晴らしや娯楽として、小説や物語を楽しむこともよくあります。

ただ、作品によっては、勉強の動機づけにすることもできるし、「類推する力」を駆使することで、社会や人間を理解する手がかりにもなるのです。

以下では、宮下奈都《なつ》『羊と鋼《はがね》の森』とリチャード・バック『かもめのジョナサン』の二作を取りあげて、人間の「努力」という問題について考えてみます。

国語に強くなる「法則」？

その前に、ちょっと寄り道をしましょう。応用編の冒頭で、さまざまな読書の技法はあくまで目安であり、参考とするべきものであって、絶対的なものではないと言いました。このことと関連して筆者が思い出すのが、清水義範さんの短編小説『国語入試問題必勝法』です。

主人公は国語の苦手な高校生。彼は入試合格のために家庭教師から「必勝法」を伝授されます。問題文の指定箇所と意味の近いものを、五つの選択肢から選べという問題があったとする。問題作成者の心理としては、正解は目立つところには置きたくない。したがって、選択肢のなかで極端に長い文章と短い文章は自動的に外してよい。これを称して「長短除外の法則」。同様に、選択肢に誰もが肯定するような正論があった場合、それは「ひっかけ」なので、同じく自動的に外してよい。これは「正論除外の法則」です。主人公は忠実にこの法則に従い、見事、志望大学に合格した。このような話です。

これはもちろん、現代の国語入試問題を痛烈に皮肉ったパロディです。そのうえで言えるのは、「読む力」をはじめとする国語の力を高める法則、すなわち汎用的な技法を求めたところで、それはパロディにしかならないということでしょう。すでに述べたとおり、技法云々以前に、誰かから感化を受けるという「きっかけ」が重要なのです。

なお、『国語入試問題必勝法』の家庭教師の先生は、「内容を三〇字以内に要約せよ」という類の問題を「愚問中の愚問」と断言しています。三〇字で言えることなら著者は三〇字で書いているはずだ、というわけですね。そういう見方もできるでしょうが、ここまで要約・敷衍という方法を推奨してきた筆者としては、文章のポイントを見極めるうえで要約という手法は決して悪いものではないと思っています。

「理想の努力」とは何か

最初に紹介する『羊と鋼の森』は、二〇一六年の本屋大賞に選ばれた作品。二〇一八年には映画化される話題作ですが、「感化」がいかに重要かを描いた小説と読むこともできます。

主人公の外村《とむら》は、高校生のとき、偶然、古いピアノの調律の場に立ち会います。彼は、このピアノを調律した板鳥《いたどり》に惹かれ、弟子入りを申し出ました。

弟子入りの願いは叶《かな》いませんでしたが、板鳥から紹介された専門学校に通い、卒業後は、板鳥と同じ会社に勤務することになります。

ここで外村はさまざまな壁にぶつかります。調律師などの職人の世界では、努力によってある域にまでは到達できますが、その先は才能で決まる。外村は、先輩の板鳥や柳の仕事ぶりに圧倒され、自分には二人のような才能がないことに気づくのです。

道は険しい。先が長くて、自分が何をがんばればいいのかさえ見えない。最初は、意志。最後も、意志。間にあるのががんばりだったり、努力だったり、がんばりでも努力でもない何かだったりするのか。（『羊と鋼の森』二一二ページ）

どういう努力をすればいいのか。この努力は報われるのか。自分の努力が成果に結びつかないとき、人は努力そのものに懐疑的になります。

努力に対する外村の見方が大きく変わるのは、先輩の柳とともに調律を担当することになった、女子高校生・佐倉和音《かずね》のピアノに対する姿勢を知ったときでした。

和音が何かを我慢してピアノを弾くのではなく、努力をしているとも思わずに努力をしていることに意味があると思った。努力していると思ってする努力は、元を取ろうとするから小さく収まってしまう。自分の頭で考えられる範囲内で回収しようとするから、努力は努力のままなのだ。それを努力と思わずにできるから、想像を超えて可能性が広がっていくんだと思う。（同前、二一四〜二一五ページ）

〈努力をしているとも思わずに努力をしている〉――これこそが理想的な努力のあり方でしょう。筆者と交流のあるロシア語通訳や作家、学者、政治家などを見ていても、才能のある人は、努力をしていると思わずに、自然に、あるいは楽しみながら、継続的に努力をしています。

師と仰ぐ人の懐に飛び込む

では、そういった無意識的な努力ができるようになるためには何が必要なのか。

それこそが、「感化」という契機なのです。

外村は、体育館にある古いピアノを調律する板鳥のたたずまいと、見違えるような音色を奏《かな》でるピアノに感動して、調律師になろうと思った。実際に仕事を始めてからも、先輩の仕事ぶりに圧倒される。こうした「感化」が強烈であればあるほど、人は〈努力をしているとも思わずに努力〉をすることができるようになります。

たしかに、感化の衝撃が強いと、外村のように、一時的に自信を失いかけることもあるでしょう。いつまでたっても、追いつけないのではないかという不安も頭をもたげてきます。

しかし、「感化」の経験があるかどうかが、その後の成長を左右するのです。逆に、そういった経験がない人は、どこかでブレーキがかかってしまう。たとえば、入社直後はホープとして期待されながら、その後は伸び悩んでしまう人を時々見かけます。最初からある程度仕事ができる人ほど、どこかで仕事をなめてかかるようになり、結局はある程度のところで止まってしまうのです。

ただし、黙っていても、師が手をさしのべてくれるわけではありません。学びであれ、仕事であれ、師と仰ぐ人の懐に飛び込めるかどうかが大切です。

小説の主人公も先輩たちから必死に吸収しようとしています。筆者もまた、この人に学びたいと思う人には積極的に近づいていくようにしました。そうした姿勢によって、努力することそれ自体に喜びを見出せるようになっていくのです。

のめり込むタイプは浮いてしまう

次に取りあげる『かもめのジョナサン』もまた、努力について、そして師のあり方について考えさせる優れた寓話として、ビジネスパーソンにぜひ読んでもらいたい作品です。

同書は一九七〇年に米国で出版され、一〇〇〇万部を超える大ベストセラーになりました。日本でも作家の五木寛之さんの翻訳により、まさしく「飛ぶように」売れた。それだけの力がこの寓話にはあると思います。後述するとおり、二〇一四年には「完成版」が刊行され、文庫と電子書籍で容易に入手できます。

寓話は複数の読み方が可能です。ここでは、ビジネスパーソンを念頭に置いた読み方を試みることにしましょう。

主人公のジョナサン・リヴィングストンは、ちょっと変わったカモメで、飛ぶ技術を磨くことにのめり込んでいます。

ほとんどのカモメは、飛ぶという行為をしごく簡単に考えていて、それ以上のことをあえて学ぼうなどとは思わないものである。つまり、どうやって岸から食物のあるところまでたどりつき、さらにまた岸へもどってくるか、それさえ判《わか》れば充分なのだ。すべてのカモメにとって、重要なのは飛ぶことではなく、食べることだった。だが、この風変りなカモメ、ジョナサン・リヴィングストンにとって重要なのは、食べることよりも飛ぶことそれ自体だったのだ。その他のどんなことよりも、彼は飛ぶことが好きだった。(『かもめのジョナサン　完成版』二一ページ)

いわばジョナサンは、〈努力をしているとも思わずに努力〉しているわけです。

ところがジョナサンは、カモメの群れの和を乱すということで、群れから追放されてしまいます。学問でも仕事でも、夢中になりすぎるタイプは、周囲から浮いた人物とみなされやすいのと一緒です。

それでもジョナサンは諦《あきら》めずに飛び続け、時速三〇〇キロの急降下ができるようになったときに、他のカモメ二羽に誘われて、「本当のふるさと」に連れて行かれます。いわば天上界のような場所と考えればいいでしょう。

そこで多くの技法を学んだジョナサンは、やがて、地上へ舞い戻り、教育者としての才能を開花させていきます。自分と同じく群れから追放されたフレッチャーに飛行を教え、その輪は少しずつ広がっていきます。そしてジョナサンの教えが浸透したところで、今後の指導を後継者であるフレッチャーにまかせて去っていくのです。

会社や組織にも同じことが言えます。優秀な指導者であっても、あまり長く指導者の地位にいると、組織が硬直化し、業績が停滞する。卓越した指導者であるジョナサンは、まだ余力があるうちに職場を去ることにしたわけです。

硬直化する組織

一九七〇年に刊行された作品は、ここで終わっています。しかし、二〇一四年に、第四部を含めた「完成版」が発売され、日本でも、七〇年版と同じく五木さんの「創訳」で刊行されました。

問題の第四部では、ジョナサンが姿を消して数年の後、ジョナサンの神格化が進行するのです。企業でも、創業者や中興《ちゅうこう》の祖が、新興宗教の教祖のごとく崇拝される事例は珍しくありません。

時がたつと、古びた石塚がジョナサンの教えのシンボルとなった。そしてのちに、すべての古い岩まで、そうみなされるようになっていった。それは飛ぶことの歓びを教えた鳥のシンボルとしては、どうみてもふさわしくないのだが、だれもそうは思っていないようだった。少くとも、群れに属するものたちはそうだった。（同前、一六〇ページ）

ジョナサンの直弟子が死んでしまうと、組織の硬直化が一層進みます。こうした状況のなかで、若いカモメのアンソニーが反旗を翻《ひるがえ》す。アンソニーは幹部のカモメに向かって、

〈あなたの偉大なジョナサン師は、ずっと昔にだれかがでっちあげた神話です〉（同前、一六六ページ）と言い放ちました。ジョナサンが時速三二〇キロで飛んだことも信じません。すでにその時代には、ジョナサン崇拝が行われる一方で、ジョナサンのように飛べるカモメはいなくなっていたのです。

しかし、組織では疎《うと》んじられても、能力のある改革者には、かならずチャンスが訪れます。それがどのようなものかは、ここでは伏せておきましょう。ぜひご自身で手にとり、読んでみてください。

革紐で自由を扼殺しようとする世界

この作品は第四部が加わったことで、まったく別の物語になりました。第三部までは、「努力は報われる」という基本原則が成立していました。それが一転して、最終章では偶像崇拝や教祖崇拝が瀰漫《びまん》する世界が現れるのです。

実は完成版刊行のかなり前より、最終章の原稿は書き進められていました。しかし作者のバックはしだいに、その内容に違和を感じるようになったといいます。彼は次のように記しています。

あの時もわたしはPart Fourを繰り返し読んだ。ジョナサンを慕うカモメたちが儀式ばり、頭でっかちになって、飛行の精神を形骸化《けいがいか》していくだって？　これは違う！（同前、リチャード・バック「完成版への序文」九ページ）

最終章の原稿は作者バックの手によって封印されますが、久しぶりにその原稿を読み返したバックに、過去の自分がこう語りかけてきます。

「あんたのいる二十一世紀は、権威と儀式に取り囲まれてさ、革紐《かわひも》で自由を扼殺《やくさつ》しようとしている。あんたの世界は安全にはなるかもしれないけど、自由には決してならない。わかるかい？」そして、最後にこう言った。「おれの役割りは終った。次は、あんたの番だよ」（同前、一一ページ）

こうして第四部が復活し、完成版として刊行されたのです。

作者バックがいう「〈権威と儀式に取り囲まれ〉〈革紐で自由を扼殺しようと〉する世界」とは、何を意味するのでしょうか。ここまでの課題や練習問題とは異なり、この問いには「良い解答例」も「悪い解答例」もありません。読者一人ひとりが二一世紀という時代をどう捉えるかによって、無数の答えが存在するのです。みなさんも類推する力を働かせて、自分なりの答えを考えてみてください。

二つの教訓

この作品から二つの重要な教訓を読み取ることが可能でしょう。

一つは、**大事なことは組織ではなく、直接的な人間関係で伝授される**ということです。ジョナサンは、天上の世界にのぼった後、よい先輩や師匠のもとで、飛躍的に技術を高めていきました。この作品でも「感化」と「努力」の力が大きな主題になっているのです。

もう一つは、**リーダーシップ論**です。ジョナサンは弟子であるフレッチャーに、次のように語りかけています。

「……きみはみずからをきたえ、そしてカモメの本来の姿、つまりそれぞれの中にある良いものを発見するようにつとめなくちゃならん。彼らが自分自身を見いだす手助けをするのだ」

（同前、一三七ページ）

能力のある人間は、その力を自分のためだけでなく、他者のためにも使うべきです。他者のなかにある肯定的要素を引き出し、他者の成長を手助けする。

続く実践編は、まさにその実践としての意味合いも持っています。

実践編

「読む力」から「思考する力」を育てる

――武蔵高等学校中学校の特別授業から

いよいよ、実践編です。

基礎編では「読む力」、応用編では「類推する力」のトレーニングを行いました。実践編は本書の総仕上げ、ここまでの積み重ねを「思考する力」へと発展させる道筋を示しましょう。すなわち、**「表現力」「判断力」「批判力」の養成**です。

ガイダンスで述べたとおり、筆者が私立の武蔵高等学校中学校で、中学二年生から高校二年生の一人一人の生徒たちを相手に行った特別授業を素材にします。具体的には、この特別授業で事前に提出してもらった小論文の講評、さらに特別授業で実施したディベートの内容を紹介しながら、進めていきましょう。

あらましは、次のとおり。

①準備作業：課題1、2の紹介と、事前に押さえておくべきポイントの解説。
②生徒たちの小論文を二つ取りあげて講評。評価するべき点と改善点を解説し、筆者による解答例も紹介。
③生徒たちの「民族」「クルド人問題」についての意見を紹介。

④「国語力」をベースに広がる豊かな可能性を示唆したうえで、ＡＩ時代に要請される「総合知」とはどのようなものかを展望する。

1　アナロジーとは何か

武蔵の中高生たちが解いた課題

まず、事前課題を紹介しましょう。実際に提示した課題は三つありましたが、本書では次の二つに絞って考察します。

課題１：シャミッソー『影をなくした男』とカレル・チャペック『山椒魚戦争』を読み、クルド人の民族問題とそこに内包されるナショナリズムの病理はどのような関係にあるかを述べてください。

＊その他の参考図書：アーネスト・ゲルナー『民族とナショナリズム』、ベネディクト・

アンダーソン『想像の共同体』

課題2：米原万里『オリガ・モリソヴナの反語法』と夏目漱石『それから』を読み、ソ連・スターリン政権下の知識人と明治末期のそれを比較したうえで、知識人の生き方と良心について述べてください。

＊以上二つの課題については、世界史、政治・経済、倫理などの教科書を適宜、参照してください。

二つの課題では、単に課題図書の内容を理解するだけではなく、読み取った内容と他の知識を能動的に組み合わせて自らの立論を構築するという、高度な知的作業が要求されます。

では、今回のような課題に対してどのように取り組めばいいのか。それぞれの課題に即した解説をする前に、準備作業として二つほど注意点を挙げておきます。

なぜ「起承転結」はマズいのか

一つ目は、**論文を「起承転結」で書いてはいけない**、ということ。時折「小論文や論文は起承転結で書け」というおかしな指導をする教師がいますが、それは大きな間違いです。澤田昭夫『論文の書き方』という名著がそのことをずばり指摘しています。

『論文の書き方』と称する無数のハウ・トゥーものの中には、きれいで、わかりやすい文章を書くようにとすすめる文章作法論が多いのですが、構造についてふれたものは少ない。そしてたまに構造にふれているものがあると思ってよく見ると、「『起承転結』の法を用いよ」とあるのに気がつきます。「起承転結」というのは「書き出し↓その続き↓別のテーマ↓もとのテーマ」という漢詩の構成法で、それを使って論文を書けば、(中略)何が幹線なのかよくわからないものが出来上ります。具体例で考えて見ましょう。「この川べりで昔AがBと別れた」↓「Bは悲壮な気持だったろう」↓「昔の人はもういない」↓「この川の水は今もつめたい」。これが起承転結の典型ですが、この論法で論文を書くと序論「天皇制は問題である」↓第二章「天皇制についてはいろいろの見方がある」→第三章「イギリスの王制はエグバートから始まる」→結論「天皇制はむずかしい」と、こんなふうになるでしょう。起承転結は、詩文の法則としては立派に役を果す原則でしょうが、これを論文に応用してもらっては困ります。（澤田昭夫『論文の書き方』一〇四ページ）

論文とは本来、自らの主張を、説得力をもって提示するもののはずです。ところが「転」でいきなり関係のないところに話が飛び、「結」で強引に落ちをつける。奇を衒《てら》った構成で、これでは説得力どころではありません。

今回、武蔵の生徒が提出してくれた論文には、起承転結で書かれたものは一つもありませんでした。この点だけを見ても、武蔵の国語教育が優れていることがよくわかります。

ちなみに同書は、単なる論文指南を超えて、読むこと、聞くこと、話すことも含む知の技法を総合的に伝授する類希《たぐいまれ》な入門書です。ぜひ一度、読んでみることをおすすめします。

「アナロジーの思考」のポイント

二点目は、**「アナロジーの思考法」**を身につけよう、ということです。

ここまで、「類推する力」（アナロジカルな思考）という言葉を使ってきましたが、拙著『世界史の極意』をふまえて、アナロジーについてきちんと解説しておきましょう。

アナロジーを用いて語ることは、神学的思考の特徴です。キリスト教神学者のマクグラスは、『キリスト教神学入門』のなかで、アナロジー（類比）とメタファー（隠喩《いんゆ》）の違いを次のように説明しました。

> 1　神には知恵がある。
> 2　神は獅子《しし》である。
>
> 第一の場合、神の本性と人間の「知恵」の概念との間に類比の関係があることが主張されている。言語的にも存在論的にも、人間の知恵と神の知恵の概念の間に直接の並行関係があることが示されているのである。人間の知恵は神の知恵の類比として働

く。この比較には驚くようなことは何もない。

第二の場合の比較はある程度の驚きを引き起こし得る。神を獅子と比較するというのは適切なこととは思われない。神と獅子との間にどれほど類似性があろうと、明らかに沢山《たくさん》の相違もある。(『キリスト教神学入門』三五一ページ、引用に際しルビを補った)

アナロジーでもメタファーでも、二つの事柄の間に、類似性の要素と差異性の要素があります。マクグラスが言っているのは、メタファーのほうが差異性の要素が強いので、表現としての異化《いか》効果、人をハッと驚かせる効果が強まるということです。

マクグラスの例でいえば、メタファーでは「神は獅子である」という表現によって、神が怒る存在であることに気づかせるわけです。それに対して、アナロジーは〈驚くようなことは何もない〉。それは、類似性の要素のほうが差異性の要素よりも大きいからです。

筆者は、アナロジーとメタファーに厳密な境界を引くことは難しいので、メタファーもアナロジーのなかに含めてしまってかまわないと考えています。

そのうえで、神学においてなぜアナロジーが重要なのかというと、**アナロジーを用いる**

ことで、**神という見えない存在について考えるうえで非常に役立つ**からだ、とマクグラスは言います。

たとえば「神はわれわれの父である」という表現は、神と人間の父親を類比的に捉えている。人間は神のすべてを知ることはできませんが、人間の父親への理解を手がかりにして、神について考えることができるようになるわけです。

ここまでも、さまざまな形でアナロジーの思考を使ってきました。ド・ラ・メトリの『人間機械論』とシンギュラリティ論が同型であることを見抜いたのも、『かもめのジョナサン』のような寓話を解釈するうえでも、類似性にもとづくアナロジーの思考がものを言ったのです。

上記二つの課題も、このアナロジーの思考を活用することが求められています。課題1に関しては、課題図書二冊がともに寓話ですから、それを民族問題のアナロジーとして読解することが必要です。課題2については、それぞれの本に登場する人物がどのような知識人のメタファーとなっているかを考察する力が求められているのです。

2 「課題1」の考察と講評

『影をなくした男』『山椒魚戦争』のあらすじ

ここで読者の便宜のために、課題図書二冊のあらすじを紹介しておきましょう。

【『影をなくした男』のあらすじ】

主人公ペーター・シュレミールは、貧困に苦しんでいた。ある日、紹介状を持って大金持ちの邸宅を訪れたが、まともに相手にされない。その場を去ろうとしたとき、邸宅の庭にいた奇妙な灰色の服の男（実は悪魔）から、奇妙な提案を受ける。「あなたの影を譲ってくれないか」と。

シュレミールは、金貨をいくらでも造り出すことができる「幸運の金袋」と自分の影とを交換した。彼は大富豪になるものの、影がないということで社交界から受け入れられず、また自分が思いを寄せる人と結婚することも叶わない。

一年後、悪魔と再会したシュレミールは、影を返してくれ、と訴える。悪魔は、影を返すことには応じるが、シュレミールが死んだ後の魂を悪魔に渡すという条件を提示した。

シュレミールがこの取引を断ると、しばらく悪魔は彼の後をついてきて、言葉巧みに魂と影との交換を説得する。最後まで取引に応じないと、悪魔は彼から離れていった。その後、シュレミールは、「幸運の金袋」を穴に投げ捨て、貧困な生活に戻った。が、市場で偶然、瞬時に世界を移動できる靴を入手し、世界中を訪問するようになる。しかし、影を取り戻すことはできず、人との関係を避けて一生を送ることになった。

シュレミールは、自分の身に起きた出来事を記録に残し、その保管を友人シャミッソーに依頼した。

愛するシャミッソー君、この不思議な物語の保管者として君を選びました。この地上から私がいなくなったあかつきには、だれかに少しはお役に立つかもしれません。それを念じてのことなのです。友よ、君は人間社会に生きている。だからしてまず影をたっとんでください。お金はその次でかまわないのです。ともあれ、みずからに忠実に、よりよき自己に即して君は生きようとしているのですから、とやこうこんな差し出がましい口をきくのは余計なことというものですね。（『影をなくした男』一二一〜一二二ページ）

【『山椒魚戦争』のあらすじ】

スマトラ島の周辺で大山椒魚が見つかった。大山椒魚は器用に手を使うことができ、海に潜って真珠を取ってくる。これは金儲けになると、人間は山椒魚をどんどん養殖する。山椒魚はたいへんな学習能力があり、そのうち言語能力を身につけるようになる。ロンドン動物園で山椒魚を飼育していたところ、彼はいつの間にか新聞を読むようになった。

やがて山椒魚たちは急速に頭脳が発展し、暗算で五桁《けた》の掛け算もできるようになる。そこで、国家の義務教育によって技術教育や軍事訓練が行われるようになり、山椒魚の土木や軍事技術はすごい勢いで進んでいく。国際社会においても力が強くなり、やがて山椒魚は人間に戦いを挑んでくる。「われわれは最後の平和を確立するための戦いをしなければならない」と。彼らはどんどん土地を崩して海にしていき、要塞《ようさい》を造っていく。それを仕掛けたのは、チーフ・サラマンダー（山椒魚総統）だった。

実はチーフ・サラマンダーは人間で、山椒魚のふりをしている。第一次世界大戦中は、曹長をしていたらしい。彼はラジオで世界に演説する。「みなさんの世界を解体するため、われわれに協力していただきたい」。そうこうするうちに、チーフ・サラマンダーのグループとキング・サラマンダーのグループに分かれ、山椒魚どうしの世界戦争が始まった。ところが、山椒魚だけがかかる病気が蔓延《まんえん》して、彼らは一匹残らず滅びてしまう。その後、人類はどうなるのか。最後に著者が登場して言う。

〈それからのことは、ぼくにも分からないよ〉（『山椒魚戦争』四二一ページ）

中学三年生の聖一郎君の解答例

では、武蔵の中高生たちは、以上二作品と「クルド人の民族問題とそこに内包されるナショナリズムの病理」をどのように結びつけたのか。解答例を見てみましょう。武蔵中学三年生（当時）の聖一郎君が書いてくれたものです。後で解説しやすいように、段落番号をつけています。

①私はナショナリズムとは、他者を排外的に扱う意識のことを指し、決して融和的思想ではない、と考える。なぜなら、ナショナリズムという考えさえなければ、そもそも同族で国家を作ろうとする意識がないと考えるからである。

②『影をなくした男』は、影を失ったことで多くの周囲の人々から軽蔑もしくは、排除され続けた。そこに、灰色服の男が再び現れ、影を返却する引き換えに、魂を受け渡せという条件を提示される。もしこれに合意するならば、この「影をなくした男」は「影」を持つことで、周囲の人々と同族になることはできる。しかしながら、本当の自分＝魂を失うということで、これから先は一生徳を身につけることはできない。つまり、一つの集団に属す代わりに、一人の人間としての価値を失うことを意味するのではないだろうか。

③ところで、影を失い（ならば）他族として排除されるのであれば、この命題の対偶関係として、他族として排除されないのであれば、影を失っていない、すなわち、影を持っているという命題が成立する。つまり、『影をなくした男』における世界では、

他民族として排除されないためにも、「影」という「同族の証《あかし》」を持っていなければならないのだ。では、実際の国際社会における「同族の証」とはどのようなものが挙げられるだろうか。宗教、言語、価値観、文化、など色々思いつく。

④ふと思えば、ナショナリズムも元々は「同族の証」を共有することができる人々が集まって成り立つ考えではないだろうか。加えて、ある人と「同族の証」を共有することができず、自分とは違う民族の人間であると判明すると、自分の属する族とは決別して扱い、どうしても排他的になる。宗教対立もこの例だろう。ここにナショナリズムの病理が潜在すると考える。

⑤では、今のクルド人民族問題について考えていく。現在のクルド人民族問題は、クルド人らによる国家形成の運動を他国が阻害することで継続化している。例えば、第一次世界大戦後の列強による西アジアの分割と委任統治や、トルコ共和国・イラクの独立によって、クルド人による国家形成よりも先に他民族による国家が建設され、クルド人が複数の他民族の国に分かれて属する形態をとるようになった。

⑥クルド人が自分たちの国家建設を望んでいるように『山椒魚戦争』においての山

椒魚も自分たちの住む土地を求めた。チャペックは山椒魚を通して、イギリスに支配された中東の人々を描きたかったのではないだろうか。

⑦そして、山椒魚は最初にイギリスと戦争状態となった。これは、かつてのイギリスによって行われた多重外交や、第一次世界大戦後の欧米列強による中東の分割に対する、チャペックの批判を描いているのではないかと考える。つまり、列強に勝手に国境を作られ、民族を分断された人々はナショナリズムという理念のもとで統合し、列強に対抗することを意味する。

⑧山椒魚とクルド人を重ね合わせてみると、どちらもナショナリズムという名のもとで、自分たちの国家あるいは土地・地域を領有したいという欲望が垣間《かいま》見える。しかし、逆にクルド人が国家建設を望まない、つまりナショナリズムという考えを持たなければ、このクルド人民族問題は発生していないはずである。

⑨かつては、アラビアンナイトに描かれるように、異なる宗教を信仰する人々が共存していた。その後、西欧で誕生した国民国家という概念により、多くの民族は自分らの国を持ち始めた。

⑩同じ民族で集まろうとする一見融和的なナショナリズムが他者を排除する差別的な考えへと変わってしまうのだ。従って、「国を持たなくても我々は同じ仲間なのだ」と柔軟に捉えれば、より他者と調和しやすいのではないだろうか。

⑪自分たち「だけ」の国家を建設しようとするナショナリズムが存在し続ける限り、あるいは、周辺国（トルコ・イラク・イラン）がクルド人の居住地域を分割して、自治区などとして介入しない限り、クルド人の民族問題は解決されないのではないかと思う。

《参考文献》
・シャミッソー『影をなくした男』池内紀訳、岩波文庫、一九八五年
・カレル・チャペック『山椒魚戦争』栗栖継訳、岩波文庫、一九七八年
・『世界史B』東京書籍、二〇一六年

客観的な定義を明示する

多くの読者は、これが中学三年生の文章であることに驚いたのではないでしょうか。この小論は、「影」と「山椒魚」をそれぞれ民族やナショナリズムのアナロジーという観点から解釈している点が優れています。提出してくれた他の武蔵生の解答例も、そのほとんどは、このアナロジーをきちんと読み取っていました。

また、①で〈ナショナリズムとは、他者を排外的に扱う意識のことを指し、決して融和的思想ではない〉という自分なりの考えにもとづいて、論理的に考察を展開している点も評価できます。読解力や文章力に関する知的レベルは、おそらく大学生の大半を凌駕しているといっても言い過ぎではありません。

では、この解答例を丁寧に検討していきましょう。

まず、いま引用したナショナリズムの定義についての一節は、議論の出発点を定めていることは評価できる一方で、独自の定義であるため、議論の客観性には欠けています。たとえばこの定義にもとづくと、会社や学校で誰かを仲間外れにすることもナショナリズムになってしまうでしょう。したがって、「ナショナリズム」や「民族」といった概念を定義する場合は、少なくとも一定の評価が定まっている文献や論考を参照する必要があります。ゲルナーの『民族とナショナリズム』やアンダーソンの『想像の共同体』を参考図書として挙げたねらいもそこにあるのです。

ゲルナーによるナショナリズムの定義については応用編で解説しました。『民族とナショナリズム』と並んでナショナリズム論の古典である『想像の共同体』は、ネイション（国民＝民族）を「イメージとして心に描かれた想像の政治共同体」と定義しています。民族意識というのは、自分たちは同じ民族だというイメージをみんなが共有することで成り立つものであるという考えです。こうした定義を利用しながら、論旨を展開できるようになると、説得力のある論文が書けるようになります。

このことに関連して、もう一点、一般的な注意をしておきます。論文のなかでゲルナーやアンダーソンの文章をそのまま利用する場合は、カギ括弧などで引用文を括《くく》り、出典元を文章中か文末、あるいは脚注のかたちで明示するのが、論文のルールです。また、考え方を要約して説明する場合も、著者と著作は明示するようにしましょう。たとえば、次のような感じです。

ナショナリズムとは何か。アーネスト・ゲルナーは主著『民族とナショナリズム』で、〈政治的な単位と民族的な単位とが一致しなければならないと主張する一つの政治的原理である〉（一ページ）と定義している。以下、この定義にもとづいて論を進めていく。

ナショナリズムとは何か。アーネスト・ゲルナーによれば、それは政治的な単位と民族的な単位の一致を主張する政治的原理である（ゲルナー『民族とナショナリズム』一ページ）。以下、ゲルナーの定義にもとづいて論を進めていく。

こうしたルールは、大学に入学してから教わることが多いのですが、中高生のときからそのクセを身につけておいたほうがいいでしょう。

本書の読者の大半を占めるであろうビジネスパーソンは、論文のルールは自分とは無縁と思うかもしれません。しかし論理的な文章を書く場合は、文章の形式を問わず、自らの考えが何に依拠しているのかを明示しておかないと説得力が出てきません。そのことを覚えておいてください。

「影」と「山椒魚」は何のアナロジーか？

②〜④の『影をなくした男』の解釈は的確です。③の〈『影をなくした男』における世界では、他民族として排除されないためにも、「影」という「同族の証」を持っていなければならない〉という表現も見事だと思います。

筆者なりの解釈も紹介しておきましょう。民族は、目、口、鼻のように人間がかならず持っている属性ではありません。理屈のうえでは、人間はいずれかの民族に所属しなくとも生きていくことができます。しかしその場合、影を失ったシュレミールのように、社会から受け入れられなくなってしまう。シャミッソーは、民族は影のようなもので、実体はないと考えていたのでしょう。それでも、実体であるかのように認識されてしまう。そこに、民族問題の難しさがあるのです。

⑥～⑧からは、聖一郎君が、「人間対山椒魚」を、「西欧対中東」というメタファーと捉え、さらに山椒魚の世界（＝中東）で、クルド人民族問題のようなナショナリズムが噴出していると読み解いていることがわかります。

ユニークな解釈ですが、そこまで限定して解釈することが妥当かどうかは検討の余地があるでしょう。というのは、作品のなかでは、ヒトラーのメタファーと想定されるチーフ・サラマンダーが人間に戦争を仕掛けたことと、東西二つの山椒魚グループによる世界戦争が描かれているからです。

この点をふまえるならば、山椒魚戦争は、**ナショナリズムの病理そのもののメタファー**と捉えたほうがいいでしょう。作品のなかには、次のような記述があります。

「つまり、両方とも民族になりかかっている、ってわけだ」

そう。アトランティス山椒魚は、レムリア山椒魚を軽蔑して、不潔な野蛮人、と呼んでいる。レムリア山椒魚の方でも、アトランティス山椒魚を、盲目的に憎んで、帝国主義者、西方の悪魔、純粋なむかしながらの山椒魚精神の破壊者、とみなしている

始末だ。（前掲『山椒魚戦争』四一九ページ）

筆者の解釈をもう一点示しておきましょう。応用編での『民族とナショナリズム』の読解をふまえれば、ナショナリズムは産業社会の進展とともに生じる近代的現象である、という議論は、山椒魚の世界にもそのまま当てはまります。山椒魚たちも、高度な義務教育や技術教育のすえに、民族となっていくのです。

こうしたメタファーを読み解いたうえで、クルド人民族問題をどう考えるか。クルド人民族問題に対する具体的な処方箋は、ディスカッションについて解説する後のパートで扱いますが、この課題が最終的に求めているのは、「クルド人の民族問題とそこに内包されるナショナリズムの病理はどのような関係にあるか」という分析です。したがって、課題図書から読み解いたナショナリズムの病理から、クルド人の民族問題を説明できるかどうかが、この論文を作成するうえでのポイントとなります。

聖一郎君の解答例では⑧の〈山椒魚とクルド人を重ね合わせてみると、どちらもナショナリズムという名のもとで、自分たちの国家あるいは土地・地域を領有したいという欲望が垣間見える〉や、⑩の〈同じ民族で集まろうとする一見融和的なナショナリズムが他者を排除する差別的な考えへと変わってしまう〉といった記述がその分析に相当します。

課題図書の読解をふまえた適切な分析ですが、やや抽象的な表現にとどまってしまっている印象も否めません。こうした分析とともに、クルド人のナショナリズムが具体的に表れている近年の事象や出来事を例示すれば、さらに説得力のある考察になったと思います。

3 「課題2」の考察と講評

『オリガ・モリソヴナの反語法』と『それから』のあらすじ

では、課題2に移りましょう。一四八ページに戻って、課題の内容を確認してください。

まずは、二つの作品のあらすじを紹介しましょう。

【『オリガ・モリソヴナの反語法』のあらすじ】

物語は、一九六〇年代のチェコ、プラハにあるソビエト学校を舞台に幕を開ける。

この学校でダンスの授業を担当するオリガ・モリソヴナ先生は、「こんな才能はじめてお目にかかるよ！」と大げさに褒《ほ》めることで相手を罵倒《ばとう》するような、「反語法」で名を馳《は》せていた。

父の都合で同校に通っていた主人公・弘世志摩《ひろせしま》もその親友のカーチャも、この授業が楽しみでならなかったが、二人はふと疑問にとらわれる。在プラハ・ソビエト学校の教師たちは、ソビエト本国で思想信条から日常の行動まで、ありとあらゆるふるいにかけられて選ばれる。唯我独尊のオリガ・モリソヴナが、そんな屈辱的な検査に耐えられるなんて信じられない、と。

謎は、オリガ・モリソヴナと仲のいいフランス語教師エレオノーラ・ミハイロヴナにも及ぶ。二人は同時に長期にわたって学校を休み、どちらも「アルジェリア」という単語に過剰な反応を示したのだ。

それから約三十年後、ソ連が崩壊した翌年、志摩は幼き日に抱いた謎を解くべく、モスクワにおもむき、カーチャとともに、オリガとミハイロヴナの半生をたどっていく。そこから浮かび上がってきたのは、スターリン政権に翻弄《ほんろう》される知識人や民衆の過酷な運命だった――。

【『それから』のあらすじ】

主人公の長井代助《だいすけ》は大実業家の次男。大学卒業後も定職に就かず、学術書や文学書を読んだり、インテリたちと気ままなおしゃべりをしたりして毎日を過ごす「高等遊民」だった。

そんな折、中学時代からの親友、平岡常次郎《つねじろう》と再会し、平岡から、大学卒業後に就職した銀行の関西にある支店で金銭トラブルに巻き込まれ、辞職に追い込まれたことを聞かされる。

平岡の妻・三千代《みちよ》は、学生時代の代助が想いを寄せていた女性だったが、平岡が三千代を愛していることを知ったため、代助は、二人の結婚をあっせんした。

平岡との子どもを産後ほどなくして亡くした三千代は体調を崩してしまう。平岡は、家庭を顧《かえり》みなくなり、やがて夫婦の関係は冷めていく。代助は、三千代から借金を申し込まれ、何度か会ううちに、ふたたび三千代に想いを寄せ、社会的な制裁を恐れず結婚に踏み切ろうとする。三千代もその想いを受け止めた。

代助から離婚を求められた平岡は激昂《げっこう》し、離婚は認めるものの、三千代の病気が完治してからだと告げる。そして、代助との絶交を宣言した。

その後、徐々に代助は精神に変調を来《きた》し始める。平岡は、代助の父に、三千代と代助の関係をなじる手紙を送る。手紙の内容を確認するために代助を訪ねた兄に、代助が三千代との関係を認めたところ、勘当されてしまう。代助は仕事を探すと外に出ていくが、精神は完全に変調を来し、郵便ポストだけではなく傘や電柱までもが赤く見えてくる。〈仕舞《しまい》には世の中が真赤になった……〉と、狂気を感じさせる描写で小説は終わる。

このあらすじから、明治末期の知識人のメタファーが代助であることはすぐにわかるでしょう。しかし、スターリン政権下の知識人を象徴するような人物ははっきりしません。実は、『オリガ・モリソヴナの反語法』のなかには、重要な登場人物として、コズイレフという哲学者が登場します。彼もまたオリガ同様に、スターリン政権によって運命を翻弄された人物でした。コズイレフについては、以下の解答例を講評しながら必要な情報を補足します。

中学二年生の智成君の解答例

それでは、武蔵中学二年生（当時）の智成君の解答例を見てみましょう。前の論文と同じく、段落番号をつけました。

①『それから』の主人公代助には二人の敵がいる。父と平岡だ。父は江戸時代以来の儒学に従いながらも、実業家らしい利己主義も抱えている。このグロテスクさに、代助は反感を覚えるが、その父の庇護《ひご》の下暮らしているため表立った反発をしない。代助の旧友平岡は、銀行の金を使い込み、辞職したばかりだ。しかし、家計が苦しく妻の三千代が病気だというのに放蕩三昧《ほうとうざんまい》の暮らしをしている。かつて三千代が好きだったが、その気持ちを隠して平岡に三千代を斡旋《あっせん》した代助は、今の平岡を嫌悪する。

不幸な三千代の姿を目の当たりにした代助は、親戚と縁を切り、平岡から三千代を奪い取った。そして、代助は三千代のために働くことを決心する。

②『オリガ・モリソヴナの反語法』のキーパーソンとなるオリガ（本当はバラ）は妹を犠牲にしてスターリンの大粛清《しゅくせい》を乗り越えた。

③ロシア革命以前のロシアは、農民が地主に搾取されていた。その民衆を解放するために起きたのがロシア革命だった訳だが、トップに立ったスターリンは、反対派を大量に処刑し、独裁化する。民衆は互いに監視し合い、共産党内でさえ党員は常に怯《おび》えていた。いつ粛清される側となるかわからない恐怖によって、粛清する側の人間、粛清を免《まぬが》れた人間は、良心と向き合わずに済んだ。

④しかし、スターリンが死んだ直後にフルシチョフが始めたスターリン批判によって、生き残った者たちは嫌でも罪悪感を抱くことになった。フルシチョフを含む政権の上層部は、元はスターリンの取り巻きだった。彼らは全ての責任をベリヤに押し付けて清算した。だが、実際に肉親や友人が処刑された市民はそうはいかない。

⑤フルシチョフのスピーチライターだった哲学者コズイレフ（作中の登場人物）の

離婚した妻はスターリン政権下で処分され、収容所送りとなり、解放されてすぐに亡くなった。コズイレフは妻が死ぬ直前になんとか生き別れの息子レオニードを見つけ出して妻と再会させるが、レオニードは自分と母を捨てて出世していた父を恨んでいた。耐えられなくなったコズイレフは自殺してしまう。

⑥漱石は「現代日本の開化」という講演の中で、西洋の開化（一般的な改革）は内発的で日本の開化は外発的だ、と述べている。日本の開化というのは、欧米列強と並ぶために強引に押し進められたものだ。学者は今までのバックグラウンドを捨てて西洋に追いつこうとした。強引な改革の中で、知識人は日本文化を捨てた罪悪感から圧迫される。また、利己主義という人格の堕落への嫌悪により日本社会に馴染《なじ》めない。

⑦過去の文化を切り捨てて、異なる文化を急速に吸収しようとしても無理が出てしまう。これは個人にも当てはまる。数学者の藤原正彦氏は「どこの家でも和室はおざなり」というエッセイの中で、氏がアメリカ留学から帰ってきた直後、日本のほとんどすべての物、システムに腹が立ったと述べている。いわゆるアメリカかぶれだ。

⑧日本の文明開化の暴力性によって、日本は驚異的なスピードで西洋文明を取り入

れた。が、日本人の精神面は荒《すさ》んでしまっていただろう。

⑨一方の内発的開化にはロシア革命が当てはまる。ロシア革命は国内から始まった変革だ。その責任は自分達で取らねばならない。しかし、内発的開化は民衆の意志に沿った自然なもののはずである。確かに農民は、地主の横暴からは解放された。その後の民衆を弾圧したのは、社会主義政権の確立を急ぐレーニンであり、スターリンであった。

⑩では、知識人とは何をしなければならないのか。

⑪大前提として、まず、生き残らなければならない。そして、自分が今何をしているのか、それが将来どうなるのか、何を目指しているのかを常に自覚し、考え続けなければならない。こう私は考えている。

⑫代助は、旧時代と新時代のどっちつかずで過ごしていたが、三千代を養い、三千代を幸せにするために働くことを決心する。オリガは、孤児のジーナを幸せにし、さらに、踊りを諦めた自分を納得させるためにジーナに踊りを教える。コズイレフは、ソ連の民主化への道を模索していたが、過去の自分の過《あやま》ちを責め、自殺してしまう。

コズイレフは知識人として感情を殺すことができなかった。しかし、歴史上の知識人の業績と私生活は分けて考えなければならない。

⑬そもそも、歴史（過去）は善悪では測れない。なぜならば歴史に絶対的な基準はないからだ。だから、知識人は現代の眼から当時を見て、それが進歩的か反動的かという相対的な基準を述べることが必要だ。判断を下すこと自体進歩的だと思う。

《参考文献》

・夏目漱石『それから』（改版）新潮文庫、二〇一〇年
・米原万里『オリガ・モリソヴナの反語法』集英社文庫、二〇〇五年
・夏目漱石『私の個人主義』講談社学術文庫、一九七八年
・藤原正彦『父の威厳　数学者の意地』新潮文庫、一九九七年
・広瀬　隆『ロシア革命史入門』インターナショナル新書、二〇一七年

演繹的アプローチと帰納的アプローチ

解答例を見るとわかるように、智成君は、課題図書以外の本も主体的に読んだうえで、

この課題に答えています。筆者は、その姿勢を高く評価します。

また論文全体の構成も、よく練られています。具体的には、①〜⑤で課題図書それぞれのポイントを要約し、⑥〜⑨では日本とロシアの近代化の違いを考察したうえで、⑩以降で「知識人の生き方と良心」について自らの意見を述べている。このような構造を構想するためには、大学生以上の論理的思考力や文章力が必要です。

ただし、「ソ連・スターリン政権下の知識人と明治末期のそれを比較」するという課題の要求に対しては、十分に対応していない内容になっています。論文のなかでは、代助とコズイレフ、オリガについて、それぞれ言及している箇所はあるものの、彼らを比較するまでには至っていません。

では、この課題にはどのようにアプローチしていけばいいでしょうか。

課題1では、最初に「ナショナリズム」を定義し、その定義にもとづいて、課題図書を読解し、クルド人民族問題について考察するという手順をふむのが正攻法でしょう。

それに対して今回の課題では、課題図書に登場する知識人の姿や生き方を抽出し、それを比較したうえで、「知識人の生き方と良心」を述べることが求められています。

つまり、課題1では、はじめに定義から出発する**演繹《えんえき》的なアプローチ**を採るのが適切ですが、課題2では、具体的な登場人物の考察から「知識人の生き方と良心」を考えていくという**帰納的アプローチ**が要求されているのです。

そうすると、まずは両作品の具体的な知識人に着目することが出発点となる。素直に読めば、『オリガ・モリソヴナの反語法』では哲学者のコズイレフが、『それから』では代助が、それに相当すると捉えられるはずです。

コズイレフについて、簡単に補足しておきましょう。

コズイレフには、コロコロロワという妻がいました。二人は、息子のレオニードが二歳になる頃、個人的な理由から離婚をし、息子は妻が引き取ることになります。

しかしレオニードが三歳になる頃、コロコロロワは、スターリン政権下の秘密警察NKVD（内務人民委員部）に所属する大佐の求愛をはねのけたために、収容所送りにされてしまった。彼女は逮捕されるときに、息子をコズイレフに預けてくれと懇願し、その願いは受け入れられたものと思い込んでいた。ところが実際には、息子は特別孤児院に収容されていたのです。

逮捕から四年後、コロコロワは釈放されましたが、身体の衰弱と病気のためにすぐに病院に収容されました。そして、コズレイフが彼女を見舞ったときにはじめて、息子の行方がわからないことを双方が認識したのです。

コズイレフは、必死になって息子を探し出し、自分の元に引き取りました。二人はコロコロワを見舞うものの、間もなく彼女は死んでしまいます。

作中では、プラハのソビエト学校でレオニードが主人公・志摩の一年上級にあたり、彼女の初恋の相手として登場します。レオニードは、母を捨て、自分を見捨てた父にまったく心を開こうとしません。そのことに心を痛めたコズイレフは、スターリン体制下での己《おのれ》の在り方に対する良心の呵責《かしゃく》も相俟《あいま》って手首を切って自殺してしまうのです。

登場人物の共通点を考える

基礎編で述べたことを思い出してください。比較とは、複数の事象をつき合わせて、その異同を考察することでした。そこでまず、代助とコズイレフの違いから考えてみます。

二人の設定は時代も地域も異なります。当然、相違点は多々ありますが、ここで重要なのは「知識人」という観点から見た違いです。

代助が大学を卒業しても仕事に就かず、親や兄のお金を頼りに読書や思索に耽《ふけ》る高等遊民であるのに対して、コズイレフはスターリン政権下にあっても、多くの著作を発表しているプロの哲学者であるという違いがある。しかし、それは表面的な差異にすぎません。「知」に対する二人の向き合い方に違いはあるでしょうか。

代助に関しては、まさに智成君が⑥〜⑦で漱石の講演や藤原正彦のエッセイを紹介しながら指摘していることがそのまま当てはまります。平岡から「なぜ働かないのか」と攻撃された代助は、〈何故働かないって、そりゃ僕が悪いんじゃない。つまり世の中が悪いのだ。もっと、大袈裟《おおげさ》に云うと、日本対西洋の関係が駄目だから働かないのだ〉(『それから』一〇二ページ)と返しています。西洋の圧迫を受けて余裕を持てない状況では、食べるために働かざるをえない。それでは、誠実には働けない。つまり、働くことが手段になってしまうことを代助は嫌います。

ここには、「働かざる者食うべからず」という社会的な通念に背を向けて、自分の知的な認識にもとづく信念を貫こうとする姿勢がうかがえます。

コズイレフもまた、志摩の父が〈ソ連であれほど多数の著作を発表できた哲学者だというのに、めずらしく御用学者ではなかった〉（『オリガ・モリソヴナの反語法』一一四ページ）と言うとおり、独裁的なスターリン政権下でも、自らの信念を貫いて研究に意を注いでいたことが読み取れます。さらに、スターリン政権崩壊後は、部下に民主主義の徹底を説き、国家にとって不都合な真実も隠さず報告しようとします。

このように読み解くならば、代助とコズイレフは、知識人としての境遇こそ違えども、知的な誠実さという点では違いよりもむしろ共有しているもののほうが多いことがわかります。

それは、二人の良心についても言えるでしょう。明治末期では、人妻との不倫は、姦通罪として刑事責任を追及される可能性がありました。にもかかわらず代助は、犯罪者になることも覚悟のうえで、三千代への愛を貫くことを選び取ります。コズイレフは、社会的には決して犯罪をおかしたわけではなく、また世間から見ても、やむをえない事情であることは十分理解できる状況であっても、妻と息子を見捨ててしまったという良心の呵責もあって自殺をしてしまいます。

つまり代助もコズイレフも、**社会的な道徳よりも、自らの内面的な倫理を優先させて行動しているのです。**

以上のような比較をふまえれば、「知識人の生き方と良心」についてもポイントが見えてくるでしょう。智成君は⑪で、〈生き残らなければならない〉ことを前提としたうえで、〈自分が今何をしているのか、それが将来どうなるのか、何を目指しているのかを常に自覚し、考え続け〉ることを、知識人の条件としている。そのうえで、⑫で代助、オリガ、コズイレフの三者が比較されています。しかしコズイレフはもとより、代助からも「生き残らなければならない」という規範は浮かび上がってきません。代助もまた、社会的な死を覚悟しているからです。

「知識人」を定義する

ここで一つ、補助線を入れてみます。

ロシアには、「インテレクチュアル」と「インテリゲンツィア」という二種類のインテリの類型があります。

インテレクチュアル（有識人）は、単に知的な労働をする人びとを指しますが、インテリゲンツィア（知識人）は、**自分の生き方を自分の知識や信念と極力一致させていくスタイルの生き方をする人**を指します。これは、ニコライ・ベルジャーエフという宗教哲学者が『ロシア共産主義の歴史と意味』という本で述べていることです。

これを、「知識人」の定義として採用してみます。そうすると、代助やコズイレフのみならずオリガ・モリソヴナもまた、知識人としての生き方と良心を貫いたということができるでしょう。

彼女はスターリン政権下でスパイ容疑を受け、逮捕され収容所送りになります。逮捕されてしばらくの間は絶望のあまり死ぬことばかりを考えていました。しかし、自殺の自由まで奪われていることを知ると、自分の生死は自分で決める覚悟で、手製のカミソリをつくり、身に忍ばせておきます。そのことで逆にオリガは、絶対に自殺をせずに生き抜くことを決意します。その後「アルジェリア」という通称の収容所で、自分と同様に過酷な運命を辿ってきたエレオノーラ・ミハイロヴナと出会いました。

釈放後、オリガは孤児院にいるジーナを娘として引き受け、彼女に自らダンスを教え込む。そして、ある運命的な再会をきっかけに、プラハのソビエト学校のダンス教師になったのです。

収容所で過酷な扱いを受けながらも、自ら魂の自由を獲得し、ダンスを捨てずに生きた――。オリガは、インテレクチュアルではないかもしれませんが、インテリゲンツィアと言える生き方をまっとうしたのです。

そう考えると、オリガを特徴づける「反語法」も、象徴的な意味を持っていることがわかります。同書文庫版の解説から、亀山郁夫さんの文章を引用してみましょう。

オリガ・モリソヴナは、二十世紀ロシアに生きた心ある知識人、アーティストの総体的なシンボルである。そして反語法（ないし、ぼく流にいう二枚舌）とは、彼らの良心がひそかに生き延びるための最後のよりどころであり、その、小さく尖《とが》った舌先こそ、全能のスターリン権力が死ぬほど忌みきらい、恐れつづけた力だった。（前掲『オリガ・モリソヴナの反語法』、亀山郁夫「解説」五三一ページ、引用に際しルビを補った）

生きた時代や環境こそ異なれ、代助とコズイレフ、そしてオリガ・モリソヴナは、近代の矛盾と真摯《しんし》に向き合い、自らの生き方と知識や信念を一致させようと努力した点では共通しているのです。

4 「課題1、2」の解答例

課題1と2の解答例を以下に載せておきます。これは模範解答ということではなく、筆者の講評と解説をふまえた一例です。ここまでの記述を参考に、ぜひ読者のみなさんも論文を書いてみてください。

【課題1・解答例】

ベネディクト・アンダーソンは『想像の共同体』のなかで、ネイション（国民＝民族）を〈イメージとして心に描かれた想像の政治共同体である〉（二四ページ）と定義している。すなわち、民族意識というのは、自分たちは同じ民族だというイメージをみんなが共有することで成り立つものだ。したがって、民族とは想像の産物であり、民族を民族たらしめる客観的な根拠はないということになる。

このアンダーソンの定義をふまえれば、『影をなくした男』の主人公シュレミールが悪魔との取引の結果、奪われてしまう「影」とは、民族のメタファーと考えることができるだろう。

民族には実体的な根拠がない以上、人間は民族に所属しなくても生きていくことができる。しかしその場合、影をなくしたシュミレールのように、人々の蔑視や嘲笑の的となり、社会から排除されてしまうのだ。

一方『山椒魚戦争』では、高度な教育や技術を獲得した山椒魚が、二つの民族に分かれ、互いに侮蔑し合いながら世界戦争に向かっていく様子が描かれている。人間と同様に、山椒魚も同族のなかで民族対立が起こる。〈みな山椒魚で、同じ骨格をもち、同じようにみにくく、ドングリの背くらべなのに、なぜ殺し合いをしなければならないのだ？　何を大義名分として、仲間喧嘩をするのだ？〉（四一六ページ）というくだりは、民族対立の病理をよくあらわしている。

『影をなくした男』と『山椒魚戦争』のメタファーは、現下のクルド人民族問題にそのまま適用できるだろう。

クルド人民族問題は、第一次世界大戦に勝利した英国とフランスが、オスマン帝国を解体した際に、クルド人居住地域(クルディスタン)を、トルコ、シリア、イラク、イランなどに分割統治させたことから始まった。それぞれの国家で、クルド人は、いわば「影をなくした男」として差別的な状況に置かれている。とりわけ、最大のクルド人人口を抱えるトルコでは、クルド人は「山岳トルコ人」と呼ばれ、民族の存在そのものが否定された時期もあった。結果、理不尽な抑圧を経験したクルド人たちは、民族の権利を主張し、独立を求める運動を起こしている。

アーネスト・ゲルナーが、ナショナリズムを〈政治的な単位と民族的な単位とが一致しなければならないと主張する一つの政治的原理〉(『民族とナショナリズム』一ページ)と定義しているように、クルド人の独立運動は、クルド人という「民族的な単位」と、国家という「政治的な単位」とを一致させようというナショナリズムの発揚にほかならない。そしてナショナリズムが暴発すれば、山椒魚戦争のような民族間の殺戮戦《さつりくせん》にまで発展する危険性を秘めている。

民族には実体的な根拠はない。にもかかわらず、ナショナリズムが刺激され、民族対立が激化すると、人間という同族同士の殺し合いをもたらしてしまう。それこそが〈政治的な単位と民族的な単位とが一致しなければならないと主張する〉ナショナリズムの病理といえるだろう。

《参考文献》

・ベネディクト・アンダーソン『定本　想像の共同体――ナショナリズムの起源と流行』白石隆・白石さや訳、書籍工房早山、二〇〇七年
・シャミッソー『影をなくした男』池内紀訳、岩波文庫、一九八五年
・カレル・チャペック『山椒魚戦争』栗栖継訳、岩波文庫、一九七八年
・アーネスト・ゲルナー『民族とナショナリズム』加藤節監訳、岩波書店、二〇〇〇年

【課題2・解答例】

「ソ連・スターリン政権下の知識人と明治末期のそれ」として、まず、『オリガ・モリソヴナの反語法』に登場する哲学者のコズイレフと、『それから』の主人公である代助を比較してみたい。

「知識人」という視点から見た場合、両者が置かれている状況は大きく異なる。コズイレフがスターリン政権下にあっても、哲学者として多くの著作を発表しているのに対して、代助は大学を卒業しても仕事に就かず、親や兄の金を頼りに読書や思索に耽る高等遊民として日々を過ごしている。

しかしこうした表面的な違いを超えて、両者には「知識人の生き方と良心」という点で、根本的な共通点があるのではないだろうか。

コズイレフは、作中の登場人物が〈ソ連であれほど多数の著作を発表できた哲学者だというのに、めずらしく御用学者ではなかった〉（一一四ページ）と評しているとおり、独裁的なスターリン政権下でも、自らの信念を貫いて研究に意を注いでいたことが読み取れる。さらに、スターリン政権崩壊後は、部下に民主主義の徹底を説き、国家にとって不都合な真実も隠さず報告しようとする点では、知的な誠実さもうかがえる。

一方、代助はどうか。中学以来の親友である平岡から「なぜ働かないのか」と攻撃された代助は、〈何故働かないって、そりゃ僕が悪いんじゃない。つまり世の中が悪いのだ。もっと、大袈裟《おおげさ》に云うと、日本対西洋の関係が駄目だから働かないのだ〉（一〇二ページ）と返答している。西洋の圧迫を受けて余裕を持てない状況では、食べるために働かざるをえない。それでは、誠実には働けない。つまり、働くことが手段になってしまうことを代助は嫌悪している。ここにも、「働かざる者食うべからず」という社会的な通念に背を向けて、自分の知的な認識にもとづく信念を貫こうとする姿勢が看取できる。

良心という点でも、二人には共通点がある。

コズイレフは、世間から見てやむをえない事情であることは十分理解できる状況であっても、妻と息子を見捨ててしまったという良心の呵責もあって自殺をしてしまう。代助もまた、自ら覚悟のうえで「社会的な死」を選び取っている。明治末期、人妻との不倫は、姦通罪として刑事責任を追及される可能性があった。にもかかわらず、代助は、犯罪者になることを恐れず、三千代への愛を貫くことを選び取った結果、精神に変調を来してしまうのだ。

以上の比較から、両者はともに社会的な常識に囚《とら》われず、自らの知的信念や内面的な倫理に従って行動する姿勢は共有しているといえるだろう。

ロシアの宗教哲学者ニコライ・ベルジャーエフは、『ロシア共産主義の歴史と意味』のなかで、「インテレクチュアル（有識人）」と「インテリゲンツィア（知識人）」を分類して、次のように述べている。

《インテレクチュアルズ》とは、知的労作をする人々、知的創造にたずさわる人々、それはなによりも学者、著作家、芸術家、教授、教師、等々、といった人々である。ロシアのインテリゲンツィアはこれとはまったく別種の集団である。そのなかには、なんら知的な仕事に従事していない人々も属しているであろうし、また一般的にいって特に知的ではない者も属してさしつかえない。（中略）インテリゲンツィアは、そのきわめて非寛容な倫理といい、それ自身に必須の人生観があることといい、生活態度にも習慣にも、特定の肉体的外形にすら独特のものがあり、それによっていつでもインテリゲンツィアの一員であることがみわけられ、他の社会集団から区別することができる。（『ロシア共産主義の歴史と意味』二八ページ）

この定義に照らせば、コズイレフと代助は、インテレクチュアルであるかどうかという点では異なるが、ともに〈きわめて非寛容な倫理〉やそのための〈必須の人生観〉を持ったインテリゲンツィアである。

さらには、『オリガ・モリソヴナの反語法』のキーパーソンであるオリガもまた、インテリゲンツィアに含めることができる。彼女は過酷な収容所のなかで、自殺の自由まで奪われる管理体制に、手製のカミソリをつくって抵抗することで、魂の自由を確保しようとした。彼女を特徴づける「反語法」もまた、スターリン体制下で自らの信念を極力主張しようとする姿勢の象徴といえるだろう。

自らの知識や信念、良心と生き方を一致させようとすること。『オリガ・モリソヴナの反語法』と『それから』から浮かび上がってくるのは、こうしたインテリゲンツィアとしての知識人像である。

《参考文献》

・夏目漱石『それから』（改版）新潮文庫、二〇一〇年
・米原万里『オリガ・モリソヴナの反語法』集英社文庫、二〇〇五年
・『ベルジャーエフ著作集7　ロシア共産主義の歴史と意味』田中西二郎、新谷敬三郎訳、白水社、一九六〇年

今回の二つの課題は、「ナショナリズムの病理」や「知識人の生き方と良心」というテーマについて、課題図書を提示するというかたちを採っています。しかし課題図書の提示がなくとも、与えられたテーマに対して、自らの知識や過去の読書経験から関連する材料を集め、それらを論理的に組み立てることができる。これが理想です。それができてはじめて、自分の頭で考えたことになるのです。

そのためには、基礎的な知識や教養を十分に摂取しなければなりません。たとえば、ナショナリズムというテーマならば、ゲルナーやアンダーソンの著作、さらに『影をなくした男』や『山椒魚戦争』のような文学的な作品を引き出せるように、自分のなかにさまざまなストックをつくっておく。知的ストックの重要性も、今回の課題から読み取ってほしいと思います。

5 「事実」「認識」「評価」を区別して考える

「近代」をどう定義するか

さて、以上二つの課題には、実は共通のねらいがありました。それは、**「近代における人間とは何か」**という問題を考えることです。ナショナリズムの病理も、知識人の苦悩も、どちらも近代という時代を生きる人間のあり方と深く関わっているからです。

そして、「近代における人間とは何か」を考えるためには、近代がどのような時代なのかを理解しておく必要がある。この点について、少し補足説明をしておきましょう。

そもそも近代という時代は、いつから始まるのか。

最近のアカデミズムでは、古代、中世、近代といった時代区分を設けること自体に批判的です。なぜなら、時代区分という発想そのものがヨーロッパ中心的な見方であり、それを他の地域の歴史に当てはめるのは、ヨーロッパ中心主義から抜け出せていないと考えるからです。

そのことをふまえたうえで、しかし筆者は「近代」という概念は非常に重要だと考えています。二つの課題もそうですが、本書の応用編で取りあげた「資本主義」「機械論的な人間観」「ナショナリズム」といった問題は、いずれも近代が生み出したものだからです。

そうなると今度は、近代はいつから始まったのかという**区分の問題**を考えなければなりません。

二つの課題の共通の意図について説明したうえで、近代とそれ以前の区分について武蔵生たちに訊いたところ、大航海時代、産業革命、フランス革命といった答えが返ってきました。

この問題は、基礎編の練習問題③とも関連しています。筆者が中学生や高校生の頃は、ルネサンスと宗教改革を近代の起源と位置づける見方が定説でした。しかしその後は、三〇年戦争を終結させた一六四八年のウェストファリア条約を、近代の起源と見る考え方が強くなった。その理由は、ウェストファリア条約によって、宗教ではなく国家が原理になって人間と社会が動き出す時代に変化したからです。

筆者もこの考え方を支持します。今回の課題と関連づけるならば、中世では、宗教が人間の非合理な感情の受け皿となっていました。しかし近代になると、宗教は個人単位の信仰となり、国民国家や資本主義が、合理主義を基盤にして発展していきます。

しかし国家も資本主義も、かつての教会が果たしていたような、個人の非合理的な信念や感情の受け皿になることはできません。そのために、近代人は人格の危機に直面してしまうことになる。ナショナリズムや知識人の苦悩は、その現れのひとつなのです。

武蔵生のディベート「民族は近代的現象か、通史的現象か」

この近代の定義をふまえて、以下では武蔵生と行ったディベートの内容を紹介しましょう。ディベートのテーマは、**「民族は近代的現象か、通史的現象か」**です。授業では、二つのグループに分かれて、それぞれ「なぜそのように考えるのか」という理由を発表してもらいました。

双方から出た代表的な意見を見てみましょう。

【民族は近代的現象だと考える生徒】

・自分がある民族に含まれていると思えるためには、近代以降に可能になった、大規模なコミュニケーションが必要になるから。
・近代国民国家における統一意識があってはじめて、民族という意識も生まれるから。
・資本主義や産業社会が広がるにつれて、国家は自国の経済を強くするために、教育を通じて人びとの民族意識を呼び起こそうとするから。
・近代の戦争は、一部の人間ではなく、民族すなわち国民の戦争になるから。

【民族は通史的現象だと考える生徒】

・近代以前でも、同じ宗教を信仰するような集団は存在しているから。

・昔のヨーロッパでは、ゲルマン民族がローマ帝国に攻め込んだりしていたし、中国では漢民族と騎馬民族の対立があった。こうした例からは、民族は近代になって急にできたものではないと考えられるから。

ディベートのテーマは、当日その場で与えたものです。にもかかわらず、これらの意見を見ればわかるように、武蔵生たちは、非常に優れた考察を披露してくれました。彼らの意見は、代表的なナショナリズム論と関連づけることができます。

ナショナリズムの問題を考察するうえで、大きく分けると**「原初主義」「道具主義」**という二つの考え方があります。

原初主義とは、日本民族は二六〇〇年続いているとか、中国民族は五〇〇〇年続いているといったような、民族とは具体的な根源を持つ原初的形態であるという考え方です。この場合の具体的な根拠としては、言語、血筋、地域、経済生活、文化的共通性といったものが挙げられます。

それに対して道具主義は、民族はエリートたちによって創られるという立場。つまり、国家のエリートの統治目的のために、道具としてナショナリズムが利用されるという考え方です。応用編で扱ったゲルナーや、課題1の参考図書に挙げたアンダーソンが道具主義の代表的な論者です。

二つの民族概念を総合する

ゲルナーについてはすでに解説したので、ベネディクト・アンダーソンについて少し補足しておきます。彼は一九三六年生まれ、イギリス系アイルランド人でアメリカの政治学者です。

アンダーソンの考え方では、ネイション（国民＝民族）とは「想像された政治的共同体」、すなわち想像上の存在です。そこで、小説や新聞が大きな役割を果たすわけです。ある小説や新聞を読む読者共同体ができる。そこに「われわれ」という共通認識が生じる。「われわれ」と感じることができるようなコミュニケーション形態は、ナショナリズムと表裏一体の関係にあるというわけです。

先に紹介した武蔵生の「自分がある民族に含まれていると思えるためには、近代以降に可能になった、大規模なコミュニケーションが必要になるから」という考えは、このアンダーソンの議論に近いといえるでしょう。

アンダーソンには、もうひとつ「**公定ナショナリズム**」という重要な概念があります。これは、支配者層や指導者層が、上から「国民」を創出しようとするときに利用されるナショナリズムのことです。国家を統一的に束《たば》ねるために、教育や軍隊などを通じて、上から「国民」という意識を植えつける。武蔵生の意見では、「国家は自国の経済を強くするために、教育を通じて人びとの民族意識を呼び起こそうとするから」というものが、「公定ナショナリズム」をふまえていると言えるでしょう。

他方、民族は通史的な現象だと考える生徒たちの意見は、原初主義の代表的論者であるアントニー・スミスの議論に接近しています。彼は一九三三年生まれのイギリスの社会学者です。

スミスは、近代的な民族を形成する「何か」があると考えます。この「何か」を表す概念が「エトニ」です。〈エトニとは、共通の祖先・歴史・文化をもち、ある特定の領域との結びつきをもち、内部での連帯感をもつ、名前をもった人間集団である〉（スミス『ネイションとエスニシティ』三九ページ)。そして近代的な民族は、かならずエトニを持っているといいます。つまりエトニが存在しないところに、人為的に民族を創造することはできないということです。生徒が指摘した「同じ宗教を信仰するような集団」も、このエトニの例だと考えればいいでしょう。

以上のような内容をふまえて、筆者は暫定《ざんてい》的な結論として、民族という概念を**「広義の民族」**と**「狭義の民族」**に分けて考えることを生徒たちに提案しました。

狭義の民族は「想像上の政治的共同体」であり、近代的なものである。広義の民族は、スミスのいう「エトニ」に基づいた原初的なものである。

両者を総合すれば、まったく何もないところに民族をつくることはできないし、エトニ的な集団がすべて民族になるわけでもないことがわかります。そして現代は、近代が成熟した社会ですから、エトニが発見されれば、それはナショナリズムとなって暴発する危険性を秘めているのです。

民族問題の解決法を考える

こうした議論の後、授業の終盤では、クルド人民族問題をどう解決したらよいか、武蔵生たちに考えてもらいました。

読者の便宜のために、最低限の背景知識をまとめておきます。

クルド人は、クルド語を母語とし、独自の歴史と文化を持つ民族です。にもかかわらず、第一次世界大戦に勝利した英国とフランスが、オスマン帝国を解体した際、クルド人居住地域（クルディスタン）を、トルコ、シリア、イラク、イランなどに分割統治させたのです。

現在のクルド人人口は約三〇〇〇万人と推定され、国家を持たない民族としては世界最大と言われています。と同時に、トルコ、シリア、イラク、イランなどにおいて、クルド人は少数民族として差別されている。そのためトルコ国内をはじめとして、クルド人のナショナリズムが高揚し、民族的権利や独立国家建設の主張が高まっています。

こうしたクルド人民族問題には、どのような解決法がありうるでしょうか。武蔵生の意見を紹介しましょう。

・独立をしないと解決できない。
・外部からむりやり働きかけずに、それぞれの国でゆるやかに解決してもらう。
・連邦制のようなかたちで、高度な自治権を認める。
・経済的な格差や差別を是正する。
・中東に新しい帝国をつくって、民族の枠を取り払った平等化を目指す。

いずれも、クルド人民族問題の難しさをふまえた、よく考えられた意見だと思います。より精緻にすれば、国連提案にもなりうる意見です。

筆者自身の見解としては、経済的な差別と政治的な差別を極力、解消する努力をすることが重要だと考えます。それがある程度、達成されると、社会的な差別も比較的薄まっていきます。そういう環境をつくるなかで、政治的なナショナリズムは抑え、文化的なかたちでのナショナリズムを尊重する方向を探る。こうした努力が地域の安定を実現するための一つのシナリオでしょう。

もう一つの外交実務型な解決策としては、「放っておく」というシナリオもあるでしょう。ただし、トルコやシリアのような大国や大民族がクルド問題に関与することもやめさせる。その結果、クルド人内部で部族抗争は起きるでしょう。しかし、どこかで均衡点が決まるはずです。これもまた、一つの処方箋です。

適切な「評価」をくだすために

さて、実践編では「表現力」「判断力」「批判力」の養成を目標として掲げました。「表現力」についてては、課題1と2の検討をとおして道筋が見えてきたことと思います。そして、「判断力」「批判力」を養ううえでは、ここで紹介したような実践が大いにものを言うのです。

「民族は近代的現象か、通史的現象か」「クルド人問題をどのように解決するか」といった問いに答えるには、きわめて高度な思考が要求されます。

このように物事を判断するときには、

・事実
・認識

・評価（批判）

の三要素を区別して考えなければなりません。

事実とはたとえば、先ほど解説したような、クルド人民族問題として起きている客観的な出来事のことです。

このような事実に対して、どのような認識を持つかは、個人や集団によって異なる場合が少なからずあるでしょう。民族問題を近代的現象と捉えるのも、通史的現象と捉えるのも、それぞれ一つの認識です。あるいは、クルド人民族問題に対しても、差し迫った状況にあると見るのか、時間的に猶予《ゆうよ》がある問題と見るかは、識者によって分かれます。

こうした複数の認識があることをふまえて、自分の判断、つまりどのような判断が適切かを述べることが評価・批判にあたるのです。

適切な評価なり批判なりをくだすためには、できるだけ詳細な事実や情報を把握し、それらに対する複数の認識があることを理解することが必要です。読者のみなさんも、事実→認識→評価（批判）という流れをたえず意識するようにしてください。そうすれば、「国語力」は飛躍的に高まるはずです。

6　総合知に対立する博識

三つのポイント

実践編を終了するにあたり、ポイントとなることを三つ挙げておきます。

1　キーワードはきちんと定義しておく

「ナショナリズム」「民族」「近代」「知識人」、そして「シンギュラリティ」など、キーワードはあらかじめきちんと定義しておく。定義があいまいだと、文章を書く場合だとポイントがわかりづらくなるし、人前で意見を表明する場合だと、議論が空中戦になってしまうでしょう。たとえば「民族」についての論文を書く場合、原初主義によるのか道具主義によるのか、採用する定義を明確にしておく必要があります。

2　勉強の基本は「守・破・離」

ガイダンスで述べたことを思い出してください。勉強の要諦は、芸事や武道などで用いられる「守・破・離」の順番で進めていくことです。

「国語ゼミ」でも、この順番を意識して講義を進めてきました。基礎編では「守」、すなわち高校教科書の内容を正確に理解する「読む力」を身につけました。応用編の目的は「破」、すなわち難解な古典から現代の出来事を読み解く「類推する力」の養成です。そして実践編では「離」、型から離れて自分なりの「表現力」「判断力」「批判力」を身につけることを目指しました。

武蔵生たちが優れた論文を仕上げることができたのも、「守」であるところの「読む力」がしっかりしているからです。「表現力」や「批判力」を性急に身につけようとする前に、基礎編の内容に立ち戻り、「読む力」を涵養する努力を絶やさないことが重要です。

授業の後に、課題1で解答例を紹介した聖一郎君が寄せてくれた感想の一部を、ここに引用しておきます。

今日からは、できるだけ多くの時間を読書に費やそうと決めた。ただ、古典文学や現実離れした小説などに関しては、ある種の抵抗がある。しかし、佐藤さんが講座の中で、「一つの本を『ゆっくり』読むことで、後で膨大な読書量を導くことができる」ということをおっしゃっていた。これまでは、「本なんて時間がかかる割に、思うように情報が得られない」と考え、「読書」というものに大きな抵抗を抱いていたが、これからはこの言葉を信じ、あらゆる分野の本にさらに挑戦しなければならないと痛感した。

3 「アナロジーの思考」から「共感力」へ

ペーター・シュレミールや山椒魚たちに仮託《かたく》して著者が言わんとしていることを正確に把握したら、それを現下国際情勢に当てはめてみる。そのような「アナロジーの思考」がいかに重要か、実践編の冒頭で強調しました。そこから一歩進めて、登場人物の行動をどう評価するかを考え、さらに、自分が彼ら彼女らだったらどう振る舞うかを想像してみる。そこから、他人の気持ちになって考えることができる「共感力」が育まれます。

ここまで何度か強調したとおり、ＡＩには意味理解の限界があります。そして何より機械や技術（テクノロジー）には、微妙な感情の起伏《きふく》をはじめとする人間の内面を正確に理解することはできないでしょう。ならば、これからのＡＩ時代には「共感力」が何より重要になってくるはずです。

インテレクチュアルとインテリゲンツィア

中世神学の世界には、「総合知に対立する博識」という格言がありました。断片的にたくさんの知識や情報を溜《た》め込んだところで、それは単なるクイズ王のような博識にすぎません。

それに対して「総合知」とは、**断片的な知識を相互に関連させて体系的な論やストーリーに組みあげ、生きることに活かしていくような学知**を意味します。中世では、総合知になっていなければ、学問には意味がないと考えられていました。

現下日本で主流になっている世界観は、反知性主義（アンチ・インテレクチュアリズム）であると筆者は認識しています。ここでいう「反知性主義」とは、客観性や実証性を軽視もしくは無視して、自分が欲するように世界を解釈する態度のことです。ここから荒唐無《こうとうむ》稽な物語が生まれることも多い。

高等教育を受けた官僚、法曹、学者でも、反知性主義に足をすくわれることは珍しくありません。断片的な知識を大量に記憶していることと、総合知に対して誠実な知識人であるということは、まったく異なる範疇《はんちゅう》だからです。

『オリガ・モリソヴナの反語法』について解説した際に、「インテレクチュアル（有識人）」と「インテリゲンツィア（知識人）」の違いを説明しました。前者は、高度な知識を持っていて、世界の動きを洞察する力がありますが、現実の政治問題や社会問題に関与することから極力距離を置く人びとです。日本だけでなく、世界的規模でも大学人はこのようなタイプが主流です。

それに対して後者は、高度な知識を持っていることにとどまらず、その知識を社会のために活かそうとする知識人です。歴史を形成するうえで、重要な役割を果たすのはこのタイプの知識人だといえるでしょう。

インテレクチュアルはうっかりすると反知性主義に足をすくわれてしまう。しかしインテリゲンツィアは決してそのようなことはありません。総合知が身についているからです。

ゴールは「総合知をつくること」

では、総合知の柱である「学知を生きることに活かす」とは、どのようなことか。それは「かもめのジョナサン」のように、**自分の能力を他者のために使う**ということです。ここまで述べたとおり、知識というものには「知ったら人に伝えたくなる」という本性がある。つまりインテリゲンツィアは、その力を自分のためだけではなく、他者のためにも使う。他者を感化し、他者のなかにある肯定的な力を引き出し、他者の成長を手助けする。

そのためには、優れた学術書を読解することを通じて、筋道を立てて物事を論理的に思考し表現する力とともに、古典の読解をとおして過去の出来事と現実の社会をアナロジカルに捉える力や、さらには小説や物語を読み解くことで、異なった時代や社会を生きる人間の状況や気持ちを想像して共感する力も必要になります。

総合知をつくること。これこそがＡＩ時代を生き抜く極意であり、「国語ゼミ」のゴールです。読者のみなさんの健闘を祈ります。

引用・参考文献

・佐藤優、杉山剛士『埼玉県立浦和高校——人生力を伸ばす浦高の極意』講談社現代新書、二〇一八年
・新井紀子『AI vs. 教科書が読めない子どもたち』東洋経済新報社、二〇一八年
・高村直助、高埜利彦ほか『日本史A　改訂版』山川出版社、二〇一八年
・新開陽一、根岸隆、新飯田宏『近代経済学——経済分析の基礎理論　改訂版』有斐閣大学双書、一九八七年
・小寺聡編『もういちど読む山川倫理』山川出版社、二〇一一年
・佐藤優『ファシズムの正体』インターナショナル新書、二〇一八年
・木村靖二、岸本美緒、小松久男『要説世界史　改訂版』山川出版社、二〇一八年
・佐藤優『大国の掟——「歴史×地理」で解きほぐす』NHK出版新書、二〇一六年
・エルンスト・トレルチ〔内田芳明訳〕『ルネサンスと宗教改革』岩波文庫、一九五九年
・エルンスト・トレルチ〔小林謙一訳〕『トレルチ著作集10　近代精神の本質』ヨルダン社、一九八一年

・佐藤優『読書の技法——誰でも本物の知識が身につく熟読術・速読術「超」入門』東洋経済新報社、二〇一二年
・池上彰、佐藤優『僕らが毎日やっている最強の読み方——新聞・雑誌・ネット・書籍から「知識と教養」を身につける70の極意』東洋経済新報社、二〇一六年
・ラインホールド・ニーバー〔武田清子訳〕『光の子と闇の子——デモクラシーの批判と擁護』聖学院大学出版会、一九九四年
・マルクス〔エンゲルス編、向坂逸郎訳〕『資本論』岩波文庫、一九六九〜一九七〇年
・宇野弘蔵『経済原論』岩波文庫、二〇一六年
・宇野弘蔵『経済政策論〔改訂版〕』弘文堂、一九七一年
・ド・ラ・メトリ〔杉捷夫訳〕『人間機械論』岩波文庫、一九三二年
・レイ・カーツワイル〔NHK出版編〕『シンギュラリティは近い——人類が生命を超越するとき エッセンス版』NHK出版、二〇一六年
・齊藤元章、井上智洋『人工知能は資本主義を終焉させるか——経済的特異点と社会的特異点』PHP新書、二〇一七年
・アーネスト・ゲルナー〔加藤節監訳〕『民族とナショナリズム』岩波書店、二〇〇〇年
・宮下奈都『羊と鋼の森』文春文庫、二〇一八年

・リチャード・バック〔五木寛之訳〕『かもめのジョナサン　完成版』新潮文庫、二〇一五年
・清水義範『国語入試問題必勝法』講談社文庫、一九九〇年
・澤田昭夫『論文の書き方』講談社学術文庫、一九七七年
・佐藤優『世界史の極意』NHK出版新書、二〇一五年
・A・E・マクグラス〔神代真砂実訳〕『キリスト教神学入門』教文館、二〇〇二年
・シャミッソー〔池内紀訳〕『影をなくした男』岩波文庫、一九八五年
・カレル・チャペック〔栗栖継訳〕『山椒魚戦争』岩波文庫、一九七八年
・ベネディクト・アンダーソン〔白石隆、白石さや訳〕『定本　想像の共同体――ナショナリズムの起源と流行』書籍工房早山、二〇〇七年
・米原万里『オリガ・モリソヴナの反語法』集英社文庫、二〇〇五年
・夏目漱石『それから』（改版）新潮文庫、二〇一〇年
・ニコライ・ベルジャーエフ〔田中西二郎、新谷敬三郎訳〕『ベルジャーエフ著作集7　ロシア共産主義の歴史と意味』白水社、一九六〇年
・A・D・スミス〔巣山靖司、高城和義ほか訳〕『ネイションとエスニシティ――歴史社会学的考察』名古屋大学出版会、一九九九年

あとがき

私の関心は、ここ数年、教育に大きくシフトしている。ロシアには「魚は頭から腐る」という諺《ことわざ》があるが、最近の日本の政治家や官僚などのいわゆるエリートと呼ばれる人々の言動と行状を見ていると、この国はこのままで大丈夫なのかと不安になってくるからだ。

私の理解では、霞が関（官界）には四つのタイプの官僚がいる。

第一は、能力も倫理観も高い官僚だ。

第二は、能力は高いが倫理観が低い官僚だ。

第三は、能力は低いが倫理観が高い官僚だ。

第四は、能力も倫理観も低い官僚だ。

これに対して、永田町（政界）には四つのタイプの政治家がいる。

第一は、能力がありやる気もある政治家だ。
第二は、能力はないがやる気だけはある政治家だ。
第三は、能力はあるがやる気のない政治家だ。
第四は、能力もやる気もない政治家だ。

このなかで、「能力はないがやる気だけはある政治家（あるいはその配偶者）」と「能力は高いが倫理観が低い官僚」が結びつくと、国家にとっても国民にとっても不幸なことになる。森友学園への土地払い下げをめぐる財務省による公文書改竄《かいざん》と、それをめぐる自民党と財務省の混乱を見ていると「この国は大丈夫なのだろうか」と心配になってくる。

現状を変化させるための処方箋はある意味簡単で、政治家の能力と官僚の倫理観を向上させることだ。いずれも教育の課題だ。

教育の基礎は、母国語による読解力である。筆者は現在、大学、高校で教壇に立つとともに、大学の社会人講座や出版社とカルチャーセンターが提携した連続講座を担当している。そこで痛感するのは、意欲はあり、勉強も一生懸命しているのだが、なかなか知識が身につかない人の問題点が国語力にあることだ。本書は、国語の読解力の訓練を通じて、知のＯＳ（オペレーティングシステム）をバージョンアップすることを目的とする教養書兼実用書である。本書を精読していただければ、読解力が着実に向上することを約束する。

本書の内容は明晰《めいせき》であると自負しているので、屋上屋を架すようなあとがきは不要だ。ここでは、本書に収録した私立武蔵高等学校中学校の教育について私の見方を記したいと思う。

本文にも記したとおり、この学校は、超難関進学校であるが、「受験刑務所」のような入試に特化した教育は行っていない。その代わり、二〇年先を見据えて、生徒にとってほんとうに役に立つ、ユニークな教育を実践している。私が行った特別授業でも、大学レベルの内容に十分についていける中学生がいたので驚いた。しかも、この生徒たちは、他人の気持ちになって考えることができる共感力がある。私はこの学校のファンになった。

校長の梶取弘昌先生（音楽担当）は、武蔵の教育法について〈懇切丁寧に一〇〇パーセントわかる授業は必要ありません。わくわく感のある授業がいちばんいい授業なんです。これってよくわかんないけど面白いなと思って食い付いてくれる生徒が四～五人いればいいい。全員が食い付いてくれなくてもいいんです〉（おおたとしまさ『名門校「武蔵」で教える東大合格より大事なこと』集英社新書、二〇九ページ）と述べているが、私の授業に参加した生徒たちは全員よく食い付いてきた。

一一人の受講生がクルド人問題や知識人論あるいはカレル・チャペック『山椒魚戦争』の読み解きなどの課題小論文を見事に仕上げた。民族を近代的現象と見ることの是非についてディベートを行ったが、事実と評価を分けてきちんと論じることができる。それは本書に収録した生徒たちの解答例を読んでいただければよくわかる。

この学校では、ドイツ語、フランス語、中国語、韓国朝鮮語から第二外国語を選択することになっている。ドイツ語を専攻する生徒に、「ドイツ語ではヒストリエ（記述史）とゲシヒテ（評価が加わった歴史）という二つの言葉があるが、スペルをホワイトボードに書いてみて」と指示すると、きちんとHistorie、Geschichteと書く。大学生でも第二外国語の知識はあいまいな人が多いが、武蔵の生徒はきちんと勉強している。

日本の未来のために、学力のみならず人間力の高い人材を育成する武蔵型の教育から学ぶべきことは多いとの思いを強くした。この武蔵型の教育の秘訣も、若い時期に生徒たちに国語の精確な読解力を習得させるところにあると私は見ている。

私の特別授業を熱心に聞いてくださり、課題に積極的に取り組んでくださった武蔵高等学校中学校の前田智成氏（中二）、山神開氏（中三）、三谷聖一郎氏（中三）、佐瀬伊織氏（中三）、大久保駿氏（高一）、清水利紀氏（高一）、後藤啓仁氏（高一）、八島拓越氏（高一）、伊藤創氏（高一）、小谷野智仁氏（高一）、平田拓海氏（高二）に深く感謝申し上げます（学年は特別授業実施時点）。また、授業に参加してくださった先生方、この機会を作ってくださった梶取弘昌先生にも深く感謝します。

本書を上梓するにあたってはＮＨＫ出版の大場旦氏、黒島香保理氏、フリーランス編集者で不識塾師範の斎藤哲也氏にたいへんお世話になりました。どうもありがとうございます。

二〇一八年五月一四日　曙橋（東京都新宿区）の自宅にて

佐藤　優

編集協力　武蔵高等学校中学校
斎藤哲也
校閲　大河原晶子
撮影　尾崎　誠
DTP　佐藤裕久

佐藤 優 さとう・まさる
1960年、東京都生まれ。作家・元外務省主任分析官。
同志社大学大学院神学研究科修了後、外務省入省。
2002年、背任と偽計業務妨害容疑で逮捕、起訴され、
09年6月執行猶予有罪確定。
13年6月執行猶予期間を満了し、刑の言い渡しが効力を失う。
現在は、執筆活動に取り組む。
『国家の罠』(新潮社)で毎日出版文化賞特別賞受賞。
『自壊する帝国』(新潮社)で新潮ドキュメント賞、
大宅壮一ノンフィクション賞受賞。
そのほか『国家論』『はじめての宗教論(右巻・左巻)』『私のマルクス』
『世界史の極意』『資本主義の極意』『大国の掟』など著書多数。

NHK出版新書 554

国語ゼミ
AI時代を生き抜く集中講義

2018(平成30)年6月10日　第1刷発行

著者 佐藤 優

発行者 森永公紀

発行所 NHK出版
〒150-8081東京都渋谷区宇田川町41-1
電話 (0570) 002-247 (編集) (0570) 000-321(注文)
http://www.nhk-book.co.jp (ホームページ)
振替 00110-1-49701

ブックデザイン albireo

印刷 壮光舎印刷・近代美術

製本 ブックアート

Printed in Japan ISBN978-4-14-088554-3 C0200

NHK出版新書好評既刊

537
北朝鮮はいま、何を考えているのか
平岩俊司
迫りくる核戦争の危機。世界は、北朝鮮の暴走を止められるか。謎に包まれた指導者・金正恩の魂胆を暴く。緊急出版！

538
大人のための言い換え力
石黒 圭
メール・日常会話からビジネス分野まで、大人の日本語の悩みを解決する、一生モノの「言い換え」の技術・発想を身につける10の方法を伝授。

539
世にも奇妙なニッポンのお笑い
チャド・マレーン
「ツッコミ」も「ひな壇トーク」も日本ならでは？笑いの翻訳はなぜ難しい？ 苦節20年の外国人漫才師が、日本のお笑いの特質をしゃべり倒す！

540
生きものは円柱形
本川達雄
ミミズもナマコもゾウの鼻も、いやいや私たちの指や血管だって——。なぜ自然界にはかくも円柱形が溢れているのか？ 大胆に本質へと迫る、おどろきの生物学。

541
絶滅の人類史
なぜ「私たち」が生き延びたのか
更科 功
ホモ・サピエンスは他の人類のいいとこ取りをしながら生き延びた!? 人類史の謎に、最新の研究成果をもとに迫った、興奮の一冊。

542
マインド・ザ・ギャップ！
日本とイギリスの〈すきま〉
コリン・ジョイス
日本とイギリスを行き来する英国人記者が、二つの国の食、言語、文化、歴史などを縦横無尽に比較しながら綴る、知的かつユーモラスな「日英論」。

NHK出版新書好評既刊

シリーズ・企業トップが学ぶリベラルアーツ
「五箇条の誓文」で解く日本史
片山杜秀

「五箇条の誓文」を切り口に、江戸から明治、平成にかけての問題点を明快に説く。有名企業幹部が学ぶ白熱講義を新書化！

543

ダントツ企業
「超高収益」を生む、7つの物語
宮永博史

セブン銀行、アイリスオーヤマ、中央タクシー――不況でも「超高収益」を生み続ける会社に注目し、「儲かる仕組み」を明快に解説する！

544

教養としてのテクノロジー
AI、仮想通貨、ブロックチェーン
伊藤穰一
アンドレー・ウール

AIやロボットは人間の「労働」を奪うのか？ 仮想通貨は「国家」をどう変えるのか？「経済」「社会」「日本」の3つの視点で未来を見抜く。

545

読書の価値
森 博嗣

なんでも検索できる時代に本を読む意味とは？ 本選びで大事にすべきたった一つの原則とは？ 人気作家がきれいごと抜きに考えた、読書の本質。

547

声のサイエンス
あの人の声は、なぜ心を揺さぶるのか
山﨑広子

声には言葉以上に相手の心を動かし、私たちの心身さえ変えていく絶大な力が秘められている――。その謎に満ちた「音」の正体に迫る！

548

悪と全体主義
ハンナ・アーレントから考える
仲正昌樹

世界を席巻する排外主義的思潮といかに向き合うか？ トランプ政権下のアメリカでベストセラーになった『全体主義の起原』から解き明かす。

549

NHK出版新書好評既刊

「産業革命以前」の未来へ
ビジネスモデルの大転換が始まる

野口悠紀雄

AI・ブロックチェーンの台頭により、産業革命以前の「大航海の時代」が再び訪れる。国家・企業・個人はどうするべきか。500年の産業史から描き出す!

550

なぜ、わが子を棄てるのか
「赤ちゃんポスト」10年の真実

NHK取材班

なくならない育児放棄に児童遺棄。日本にたった一つの赤ちゃんポストを通して、日本社会が抱える深い闇を浮かび上がらせる。

551

新版 議論のレッスン

福澤一吉

議論にも、スポーツと同様にルールがある。ロングセラーの旧版に新たな図版・事例を付して、大幅な加筆を施したディベート入門書の決定版。

552

「ミッション」は武器になる
あなたの働き方を変える5つのレッスン

田中道昭

あなただけのミッションを言葉にできれば、「仕事の迷い」は一瞬で消える。立教大学ビジネススクールの白熱授業を完全再現!

553

国語ゼミ
AI時代を生き抜く集中講義

佐藤優

教科書を正確に理解する力をベースに、AIに負けない「読解力+思考力」を養う。著者初の国語トレーニング、練習問題付き決定版!

554